英語で味わう
万葉集

ピーター・J・マクミラン

文春新書

1245

はじめに

私が『万葉集』の英訳に着手したのは令和元年の八月十五日のことだった。この日は日本では第二次世界大戦の終戦の日とされている。そして、最初の草稿が完成したのは今上天皇の即位礼の日だった。

この仕事に取り組んでいる間、私は常に、第二次世界大戦と新しい令和の時代について思いを巡らせていた。今年の八月はとても暑かったので、お盆休みには山中湖に滞在していたのだが、ちょうど台風による暴風雨に見舞われてしまった。ようやく雨が止み、これでもう大丈夫と思ったのも束の間、再び嵐が起こり、激しい雨が窓に打ち付けてきた。ほとんど外出することもできなかったのだが、雨続きだったおかげで涼しくて過ごしやすく、集中して仕事に取り組むことができた。夜、近くの温泉に行くと、そこは夏合宿で山中湖を訪れた大学生たちであふれていた。彼らはふざけてじゃれ合い、楽しそうに笑い、おしゃべりに興じていた。彼らと言葉をかわしながら、私は日本という国について、そして終戦記念日と『万葉集』の関係について、考え始めていた。彼ら若い日本人たちにとって、また新しい時代の日本にとって、『万葉集』はどのような意味を持つのだろうか、と。

その翌朝から、私は本格的に『万葉集』の英訳に取り組みはじめた。そのときまで私は『万葉集』の原文をきちんと読み込んだことはなかったので、とても新鮮な感覚があった。最初の印象はとりとめもないものだった。平安時代の和歌には「私」に相当する言葉はあまり出てこないのだが、『万葉集』では「私」や「あなた」を意味する単語が数多く使われているため、万葉の歌は直接的で、率直で、庶民的な印象を与える。しかし、その印象は必ずしも正確ではないということがわかった。

漢字を使った言葉遊びも『万葉集』の魅力のひとつだ。この時代、都は京都ではなく、朝廷は遷都を繰り返していた。人の名前も平安時代とは大きく異なる。とても長々しく、神話に登場する神々の名前のような響きだが、実在の人物の名前である。『万葉集』は実際に生きた人々の記録なのだ。人間と自然の距離は平安時代よりも近い。シャーマニズムの要素には驚かされ、感銘を受けた。悪天候は当時の人々にとって大きな脅威であり、旅に出ることは生命の危険を意味した。社会構造は流動的で、殺人や戦争は珍しいことではなかった。翻訳者泣かせの枕詞も多用されている。人間の世界と神の世界の距離はとても近く、自然に美を見出す感性や、自然と人間が一体のものであるという感覚も非常に強い。

「令和」という元号が日本の古典の詩歌から取られたことに、私は大きな喜びを感じた。日本の古典文学の翻訳の仕事を続けていくうえで、大きなエネルギーをもらえたように思えたのだ。「令和」の由来となった『万葉集』は、新しい時代を象徴する歌集となった。日本最古の文学作品のひとつだが、これから私たちが進んでいく未来についても多くの示唆を与えてくれる。また、この本は私の還暦の記念の本でもある。かつて日本では、年を重ねた人は「翁」と呼ばれ、言祝《ことほ》ぐこと、すなわち祝福を与えることがその役割だとされていた。この本が、私から日本の人々に贈るささやかなお祝いとなれば、とても嬉しい。『万葉集』の世界は美しい。その歌は、新鮮な世界観に満ち溢れている。

だから、この本は令和の最初の年に出したかった。すると締め切りまでおよそ二カ月となる。この二カ月という時間はあっという間に過ぎ去っていった。非常にタイトなスケジュールだったので、この間一日も休みをとることはできなかった。ようやく脱稿したその翌日、ある友人が杉並区にある大宮八幡宮に誘ってくれた。大宮八幡宮は木々に囲まれた美しい神社だ。私はしばらくの間、満足に戸外の空気を楽しむこともできなかったので、鎮守の森の散策は私の心に大きな喜びをもたらしてくれた。

歩きながら、私はこんなことを考えていた――自分の翻訳も、こんな光でいっぱいに満たしたいものだ、と。太陽の光に照らされた木々。木の葉がたてるさらさらという音。やわらかく湿った黒い土。美しい秋の日差し。遊びまわる子どもたちの声。ペットの亀を散歩させている老婦人のやさしさ。川の水の流れ。美しい秋の日。このような光景、音、そして自然の美しさは、万葉の時代から何も変わってはいない。今日、自然環境の破壊は深刻だが、それでも万葉の歌に描かれた、自然や人のすがたに私たちは共感することができる。

ちょうどこの本の「結びにかえて」を書き終えようとしている頃、私はあるイベントで南半球のさる国の駐日大使と出会った。私が自分の翻訳の仕事について説明すると、彼は「日本の文学は面白いですか?」と尋ねてきた。私がイエスと答えると、彼はこんなことを言った。「そうですか。でも、世界的にはあまり知られていませんね。もし日本の文学が素晴らしいものであるなら、なぜもっと注目を集めていないのでしょうか?」と。『万葉集』の世界的な知名度が低いのは、優れた訳詩がこれまで少なかったからだろうと私は考えている。私は、この翻訳が『万葉集』に対するいくつかの誤解を払拭し、最新の研究に基づく新たな『万葉集』のイメージを提示する第一歩となることを望んでいる。そして『万葉集』が、日本の文学史における宝物というだけでなく、世界的にも重要な文学作品として認知されるようになることを願っている。

英語で味わう万葉集◎**目次**

奈良の都は咲く花の　87

瓜食めば子ども思ほゆ　117

月の舟星の林 147

神の麓に　191

東の野にかぎろひの

天皇の御製歌《おほみうた》

春過ぎて 夏来《きた》るらし 白たへの
衣《ころも》干したり 天《あめ》の香具山《かぐやま》

巻1・28

現代語訳

天皇のお作りになった歌
春が過ぎて夏がやってきたらしい。真っ白な衣が干してある。天の香具山に。[1]

持統天皇
じとうてんのう
——第四十一代天皇。六四五〜七〇三年。天智天皇の娘、天武天皇の后。孫の文武天皇に譲位し、初の上皇となる。

春過ぎて　夏来るらし

Spring has passed,
and summer's white robes
air on the fragrant slopes
of Mount Kagu—
beloved of the gods.

持統天皇は夫の天武天皇の事業を引き継いで律令国家の建設に努め、新しい時代を築いた。この歌にもその「新しさ」が現れている。

　持統天皇の時代、既に季節は暦法によって把握されていた。[2]そのことと「季節詠」と呼ばれる歌が持統朝に生成したこととは無関係ではない。この歌の「春過ぎて夏来るらし」も、なんとなく春から夏になった、といった曖昧な感覚ではなく、暦法の知識を背景に持つ。季節の交替という暦の知識を、目前の景を通して実感する点にこの歌の新しさと感動がある。令和という新しい時代が始まった。だからこそ、それにふさわしいこの歌を冒頭に選んだ。この歌のように、素晴らしい日本文化が令和に花開くよう言祝《ことほ》ぎたい[3]。

十市皇女《とをちのひめみこ》、伊勢の神宮に参赴《まゐ》く時に、波多《はた》の横山の巌《いはほ》を見て、吹芡刀自が作る歌

川の上《へ》のゆつ岩群《いはむら》に草生《む》さず
常《つね》にもがもな常処女《とこをとめ》にて

巻1・22

現代語訳

十市皇女が伊勢神宮に参拝した時に、波多の横山の巌を見て、吹芡刀自が作った歌

川の中の神聖な岩々に草が生えないように、私もいつまでも変わらずにありたいものです。永遠に清らかな乙女のままで。

吹芡刀自 ふふきのとじ

――飛鳥時代の歌人。生没年不詳。十市皇女の侍女だったかとも言われるが、詳しいことは伝わっていない。

川の上の　ゆつ岩群に

That I could forever be a maiden,
like the rocks in the rapids
that the gods alight upon—
Grasses can't grow on them
and they always remain the same.

吹芡刀自が十市皇女になり代わって詠《うた》った歌。十市皇女は阿閉皇女《あべのひめみこ》と共に、伊勢の大伯《おおくの》皇女《ひめみこ》の元を訪れた。これはその旅中の歌である。永遠に清らかな乙女でありたいという願いも虚しく、三人の皇女のその後の人生は波乱に満ちたものだった。[4]彼女たちの運命を知って読み返すと、より一層切なさがこみ上げてくるだろう。

「ゆつ岩群」は神聖な岩々を意味し、「ゆ」は神が宿るものを尊んでいう語。ものに神が宿るという考え方には、当時の美しいアニミズム的信仰を垣間見ることができる。直訳すると“sacred rock”となるが、その神聖さの理由をより具体化して“the rocks ...that the gods alight upon”と訳した。

天皇、吉野宮に幸《いでま》す時の御製歌

よき人のよしとよく見てよしと言ひし
吉野よく見よよき人よく見

巻1・27

現代語訳

天皇が吉野離宮に行幸された時のお歌
昔の良き人が良いところだとよく見て良いと言った、この吉野をよく見よ、今の良き人よ、よく見るのだ。

天武天皇 てんむてんのう

――第四十代天皇。六八六年没。壬申の乱に勝利し、皇位に就く。『古事記』、『日本書紀』の編纂開始など、新しい時代を拓いた。

よき人の　よしとよく見て

The good men of the good old days
looked upon Yoshino well.
“Yoshino is good,” they said.
Let’s look on Yoshino well—
Good men of these good days.

天武天皇八年（六七九）五月五日の作。この翌日、天皇は皇后（後の持統天皇）ならびに六人の皇子[5]を離宮の庭に招く。そして皇子たちに「互いに助け合い千年の後まで事が起こらないように」と盟約を結ばせた。天武天皇には皇位をめぐり甥の大友皇子《おおとものみこ》と争った苦い経験があった（壬申の乱）。皇子たちに同じことを繰り返させたくなかったのだろう。吉野は天武天皇（大海人皇子《おおあまのみこ》）が乱の前に隠棲し、やがて挙兵した地でもある。掲出歌はその吉野で、この地をよく見よと詠うのだ。[6]

この歌では形容詞「よし」が幾度も繰り返されるが、原文で使われている漢字は同じではなく、それが視覚的な変化を与えている。その文字遣いも味わいたい歌である。[7]

（近江の荒れたる都に過《よぎ》る時に、柿本朝臣《あそみ》人麻呂が作る歌）

楽浪《ささなみ》の 志賀の唐崎 幸《さき》くあれど
大宮人《おほみやびと》の 舟待ちかねつ

巻1・30

現代語訳

（近江の荒れ果てた旧都に立ち寄った時に、柿本人麻呂が作った歌）

楽浪の志賀の唐崎よ、お前は今も変わらずにあるけれど、かつての大宮人たちの舟はいくら待っても再び待ち受けることはできないのだ。

柿本人麻呂

かきのもとのひとまろ

飛鳥時代の歌人。生没年不詳。『万葉集』には長歌十八首、短歌六十六首を収める。歌聖と称えられた。

楽浪の　志賀の唐崎

Cape Karasaki of Sasanami in Shiga,
you’re the same as in bygone days,
but however much you wait
for the courtiers,
their boats will never come.

「近江荒都歌」と呼ばれる著名な歌群の中の一首。題詞の「近江の荒れたる都」は、天智天皇が都とした近江大津宮を指す。天智天皇が崩御した後は皇位をめぐる内乱（壬申の乱）が起こり、最終的に都は飛鳥に遷された。大津宮が都だったのはわずか数年で、その後は急速に荒廃したようだ。

この歌は、かつて天智天皇が崩御した時に詠まれた歌[8]を踏まえつつ、変わってしまった人の営みと、変わることのない唐崎の自然とを対比している。この歌では「楽浪の」と「志賀の唐崎幸くあれど」と、「さ」と「し」の音が重なり美しいリズムが刻まれている。英訳でも“Cape”“courtiers”“come”と似た音を繰り返すようにした。

高市古人《ふるひと》、近江の旧堵を感傷して作る歌〈或書には高市連《むらじ》黒人と云ふ〉

古《いにしへ》の人に我あれや楽浪《ささなみ》の
古き都《みやこ》を見れば悲しき

巻1・32

現代語訳　高市古人が、近江の旧都を悲しんで作った歌〈或る本には高市連黒人だという〉
私は遠い過去の人なのだろうか。そんなはずはないのに、楽浪の古い都を見ると心悲しい。

高市黒人

たけちのくろひと

──飛鳥時代の歌人。生没年不詳。下級の官人だったと推測される。旅に際した歌を多く残す。

古の　人に我あれや

Am I from the distant past?
I think not, but when I see
what's become of Sasanami,
our ancient capital,
I am filled with sorrow.

すぐ前の人麻呂の歌（巻1・31）が近江朝を「むかし」と表現したのに対し、この黒人の歌では同じ近江朝を「いにしへ」と呼ぶ。「むかし」「いにしへ」はどちらも過去を意味する単語だが、「むかし」は自分と繋がった過去を指す一方、「いにしへ」は自分とは隔絶した遠い過去を指す。黒人と人麻呂はほぼ同時代の歌人[9]だが、過去の捉え方が異なるのだ。この歌では旧都を見て自分が感じた「悲し」さの理由を、「古の人に我あれや」と推測している。縁遠いはずの旧都の風景に不思議な悲しさを感じつつ、そう感じている自分を客観的に分析しているようだ。前の歌とはまた違った、過去への向き合い方である。

伊勢国に幸《みゆき》する時に、京に留まれる柿本朝臣人麻呂が作る歌

嗚呼見《あみ》の浦に 舟乗《ふなの》りすらむ 娘子《をとめ》らが
玉裳《たまも》の裾《すそ》に 潮満《しほみ》つらむか

巻1・40

現代語訳　天皇が伊勢の国に行幸された時に、都に留まった柿本人麻呂が作った歌
嗚呼見の浦で舟遊びをしている乙女たちの美しい裳の裾に今ごろ潮が満ち寄せていることだろうか。

柿本人麻呂 かきのもとのひとまろ ── 前出。

嗚呼見の浦に 舟乗りすらむ

Aah! At the Bay of Ami
the shimmering hems of the skirts
of the maidens playing on boats
are surely about to be splashed
by glittering jewels of the incoming tide.

女性の裳裾が水に濡れる様子は『万葉集』でも好んで詠われる。ここでは直接的にその様子を描写するのではなく「玉裳の裾に潮満つらむか」と間接的に表現する。満ちていく潮が次第に乙女の裳裾を濡らしていく、という風景が思い浮かぶようだ。[10] きらびやかな言葉で飾り尽くされ、原文の漢字の用い方も新鮮だ。「嗚呼《あ》」とため息をつくほど美しい「嗚呼《あ》見《み》乃《の》浦《うら》」で遊ぶ乙女の足元を、きらきら光る「四宝（潮）」の粒が飾り付ける。英語では、驚きを表し、音も同じ“Aah!”を入れることで、ため息をつくほどの美しさを表現した。潮（四宝）の輝きを“glittering jewels”と表現し、「玉裳」もまた美称なので“shimmering hems of the skirts”と訳した。

（軽皇子《かるのみこ》、安騎《あき》の野に宿る時に、柿本朝臣人麻呂が作る歌）

東《ひむがし》の野にかぎろひの立つ見えて
かへり見すれば月傾《かたぶ》きぬ

巻1・48

現代語訳

（軽皇子が安騎野に宿られた時に、柿本朝臣人麻呂が作った歌）
東の野に曙の光が差しそめるのが見えて、振り返って見ると残月が西の空に傾いている。

柿本人麻呂

かきのもとのひとまろ ―― 前出。

東の 野にかぎろひの

When I look east—
the light of daybreak
spilling out over the plain.
When I look back—
the moon crossing to the west.

冬の凜とした朝、東に陽光が差しそめる。ぐるりと振り返れば、西に名残の月が傾いていく。朝と夜が交わる瞬間を見事に切り取るこの歌は、『万葉集』でも屈指の名歌として知られる。蕪村の名句「菜の花や月は東に日は西に」も似た視点を持つが、人麻呂歌の格調高さには及ばない。

この歌は江戸時代以前には「東野《あづまのの》 炎《けぶりの》 立《たてる》 所見而《ところみて》 反見為者《かへりみすれば》 月西渡《つきかたぶきぬ》」と訓《よ》まれた。「炎」はケブリと訓めば野火を、カギロヒと訓めば陽光を意味する。江戸時代にカギロヒと訓み改められたことで、東西に日月を見るスケールの大きな歌となった。[11] その東西の対比を重視し、原文「月西渡」を踏まえた英訳とした。

明日香《あすか》宮より藤原《ふちはら》宮に遷居《うつ》りし後に、志貴皇子の作らす歌

采女《うねめ》の 袖《そで》吹き返す 明日香《あすか》風《かぜ》
都《みやこ》を遠《とほ》み いたづらに吹く

巻1・51

現代語訳

飛鳥浄御原《あすかきよみはら》宮から藤原宮へ遷都した後に、志貴皇子がお作りになった歌

采女の袖を吹いて翻す明日香風、その風も今は都遠さに虚しく吹いている。

志貴皇子 しきのみこ ── 天智天皇の第七皇子。七一六年没。息子の白壁皇子が第四十九代の光仁天皇となる。

采女の　袖吹き返す

Winds of Asuka,
you used to blow back
the palace maidens' sleeves
but now the capital's far away,
so you blow in vain.

　明日香風が吹き、美しい采女たちの袖が翻る。その光景はもう見られない。采女たちが新しい都へ移ったことで風は吹き付ける対象を失い、むなしく明日香の地に吹き続けるのだ。

　この歌は旧都を惜しむ心情を直接詠うでも、荒れていく旧都を描写するでもなく、明日香風に託している。読んだ者はその情景を思い浮かべ、その虚しさを自分のものとして感じることができる。[12] 作者の志貴皇子は、『万葉集』にわずか六首の歌を残すにすぎないが、いずれの歌も名歌として知られ、この歌も傑作の一つに数えられる。今はなきかつての都を思うこの歌は切なくも美しく、隠喩の用い方にも普遍的な魅力がある。飛鳥の都を知らない現代の外国人にも共感できる歌だ。

（和銅五年壬子《じんし》の夏四月、長田王を伊勢の斎宮《いつきのみや》に遣《つか》はす時に、山辺《やまのへ》の御井《みゐ》にして作る歌[13]）

うらさぶる 心さまねし ひさかたの
天《あめ》のしぐれの 流れあふ見れば

巻1・82

現代語訳 （和銅五年四月に、長田王を伊勢の斎宮に派遣する時に、山辺の御井で作った歌）
物寂しい思いがおびただしく広がる。（ひさかたの）天空のあちらこちらから降る時雨《しぐれ》が流れて交錯しているのを見ると。

長田王

ながたのおおきみ

―七三七年没。『万葉集』に伊勢と肥後・薩摩の歌を収めるが、ここに紹介した歌は古歌ともされる。

うらさぶる 心さまねし

Somehow sorrowful feelings
fill up my heart,
seeing them streaming,
mingling with each other—
fall showers of the heavens.

空から流れる時雨、交錯するその雨粒を見つめていると、不思議と寂しさでいっぱいになる。その何とも言えない感情をこの歌は巧みに言語化する。時雨を「流る」と表現する歌は他になく、「流れあふ」という言葉自体も例を見ない。にもかかわらず違和感はなく、むしろこの光景を表現するにはそれしかないと思えるほど調和している。この歌が傑作とされるのも頷ける。

だがそのまま英語にすると散文的になり、歌の良さが伝わりにくい。そこで、「天のしぐれ」を“fall showers of the heavens”と訳した。これは次元の異なる天から降る雨を思わせて幻想的で、外国人から見て意外性と感動のある表現だ。

注

1 天香具山は畝傍山、耳成山とともに大和三山の一つに数えられ、飛鳥地方の北端に位置する。「〝天の〟香具山」という呼称は、天から降って来た山という伝説に基づいているらしい（『伊予国風土記』逸文）。

2 『日本書紀』（持統四年）に「勅を奉りて始めて元嘉暦と儀鳳暦とを行ふ」とあるように、この時代はすでに頒暦が行われていた。

なお、この歌は『百人一首』に「春過ぎて夏来にけらし白たへの衣干すてふ天の香具山」という形で収められている。『万葉集』に載る形と多少の違い（傍線部）がある。「てふ」という伝聞は新古今風の観念的な表現となっており、「たり」で言い切る『万葉集』の写実的な表現とは異なる印象を与えている。

3 「天の」を〝beloved of the gods〟と訳した。

4 十市皇女はこの歌の三年後に急死。阿閉皇女は草壁皇子《くさかべのみこ》の后となり後の文武天皇を生むも、大伯皇女の弟の大津皇子《おおつのみこ》と草壁皇子との間に皇位継承の争いが起こってしまう。大津皇子は謀反の罪で死罪となり、大伯皇女は悲しみに打ちひしがれる。そして、草壁皇子も天皇位につくことなく、三年後に病死した。息子の文武天皇も二十五歳で早世した後、阿閉皇女が元明天皇として即位した。

注

5 草壁、大津、高市《たけち》、忍壁《おさかべ》（以上、天武天皇の子）、河嶋《かわしま》、志貴《しき》（以上、天智天皇の子）の六皇子。

6 二度登場する「よき人」のうち、最初のそれは昔のよき人を、最後のそれは今のよき人を指す。英語ではその点を踏まえて一行目と五行目を対比し、"good"の反復によってリズムを整えた。

7 淑人乃　良跡吉見而　好常言師　芳野吉見与　良人四来三

8 やすみしわご大君の大御舟《おほみふね》待ちか恋ふらむ志賀の唐崎（巻2・152　舎人吉年《とねりのよしとし》）

訳：我が大君の御船を待ち焦がれていることだろうか、志賀の唐崎は。

9 黒人は正史に記録がなく詳細な活動時期は不明だが、『万葉集』に採録された歌を見る限り、概ね持統・文武朝に活躍した人とおぼしい。人麻呂とさほど変わらない時期の人だということがわかる。

10 この歌群は柿本人麻呂の歌三首と、「当麻真人麻呂《たぎまのまひとまろ》が妻の作る歌」一首、「石上大臣《いそのかみ》従駕《じゅうが》して作る歌」一首の、計五首からなる。掲出歌はその第一首。「京に留まれる」という題詞からわかる通り、人麻呂はこの行幸に同行してはいない。都から一行の様子を想像して詠うのである。だからこそ「〜らむ」という現在推量が多用されているわけだが、そのことが歌全体のリズムを作ってもいる。

11 長歌一首、短歌四首からなる歌群の第三短歌。題詞にいう軽皇子は、草壁皇子の子で、後の文武天皇。安騎野は奈良県宇陀市の山野で、今は亡き草壁皇子もかつて遊猟に訪れた地らしい（第四短歌）。今回の遊猟はその追懐を目的としたものだった。「東《ひむがしの》　野《の》　炎《にかぎろひの》　立所見而《たつみえて》　反見為者《かへりみすれば》　月西渡《つきかたぶきぬ》」という訓《よ》みに改めたのは、江戸時代の国学者、賀茂真淵《かものまぶち》だ。ただ、真淵の訓にも異論はある。近年も結句を「月西渡《つきにしわたる》」と訓んだり（伊藤博『萬葉集釋注』など）、かつての「炎《けぶり》」という訓を再び採用したり（『岩波文庫』）、といった試みが行われている。だが、そうした訓がいかに学問的な正当性を持とうとも、あまりにも人口に膾炙した真淵の訓が完全に消え去ることはないだろう。

12 持統天皇八年（六九四）十二月、都は飛鳥浄御原宮から藤原宮へと遷《うつ》された。この歌の前後にはその新都を賛美する歌が並んでいる。一方でこの歌は同じく遷都を主題としながらも、旧都を惜しむ歌である。

13 題詞は81～83番歌にかかっているが、この歌は晩秋初冬の景を詠み、次の83番歌も龍田山の景を詠むのでどちらも題詞に合わない。左注に「右の二首は今案《かむが》ふるに御井にして作るところに似ず。けだし、当時《そのとき》に誦《よ》める古歌か」とされるのが当たっているだろう。この歌の評価は極めて高く、折口信夫は「傑作」と称し（『口訳万葉集』）、斎藤茂吉は「古調のしっとりした、はしゃがない好い味いのある歌」と評価する。

古に恋ふる鳥

（磐姫皇后、天皇を思ひて作らす歌四首）

ありつつも　君をば待たむ　うちなびく
我が黒髪《くろかみ》に　霜の置くまでに

巻2・87

現代語訳

（磐姫皇后が天皇を思慕してお作りになった歌四首）
このままずっとあなたを待ち続けましょう。しなやかに靡《なび》く私の黒髪に、白い霜が置く時までも。

磐姫皇后　いわのひめのおおきさき

――仁徳天皇の后。履中、反正、允恭と三人の息子が皇位に就いた。

ありつつも　君をば待たむ

Just as I do now
let me wait on and on
for you
till my flowing black hair
becomes white as frost.

天皇を一途に想い、待ち続ける歌。

磐姫皇后は『古事記』ではとても嫉妬深い女性として描かれているが、ここでは奥ゆかしい愛情をもった人物として表現されている。同じ女性であっても『古事記』と『万葉集』では性格が大きく異なって描かれているのだ。彼女が本当はどのような女性だったのか、今となっては知る由もない。

「黒髪に霜の置くまでに」の「霜」は白髪の比喩で、この発想は中国詩文にも見られる。また、冬におりる「霜」という言葉えらびは、晩年を連想させる表現として詠み手の力を感じさせる。英語ではこのような表現が見られないため、一層詩的で、新鮮なものと映った。[1]

（磐姫皇后、天皇を思ひて作らす歌四首）

秋の田の穂《ほ》の上《うへ》に霧《き》らふ朝霞

いつへの方《かた》に我が恋止まむ

巻2・88

現代語訳

（磐姫皇后が天皇を思慕してお作りになった歌四首）

秋の田の稲穂の上にたちこめる朝霞ではないが、いつになったら私のこの恋はおさまるのでしょうか。

磐姫皇后 いわのひめのおおきさき――前出。

秋の田の　穂の上に霧らふ

Like the morning mists
enveloping the ears of rice
in the autumn fields,
how could gaps in my love appear?
How could it disappear?

前の歌（巻2・87）と同じ四首連作の、第四首。前の歌では相手を待ち続けることを詠ったのに対して、この歌は「秋の田の穂の上に霧らふ朝霞」という風景を序詞にして、さめることのない恋心を詠う。

朝霞、と朝の風景を詠うことで、恋人を想いながら夜を明かしたことが思い起こされる。それと同時に、いつ晴れるかわからない霞に託して、自身の終わりの見えない恋心が表現されている。

自然の描写を通して自分の心を表現するのは日本の古典文学の特徴の一つであり、これはその見事な例となっている。ただし、このような隠喩の使い方は外国人にとって、とても伝わりにくい。

天皇、藤原夫人に賜《たま》ふ御歌《みうた》一首

我が里に 大雪降れり 大原の
古《ふ》りにし里に 降らまくは後《のち》

巻2・103

現代語訳

天皇が藤原夫人に遣わされたお歌一首

私の里には大雪が降ったぞ。あなたのいる大原の古びた里に降るのはまだ先のことだね。

天武天皇 てんむてんのう ―― 前出。

藤原夫人の和《こた》へ奉《まつ》る歌一首

我が岡の　龗《おかみ》に言ひて　降らしめし
雪の砕けし　そこに散りけむ

巻2・104

現代語訳　藤原夫人が唱和した歌一首

私のいる岡の水神に頼んで降らせた雪の、そのかけらがそちらに散ったのでしょう。

藤原夫人

ふじわらのぶにん

——天武天皇の夫人。生没年不詳。五百重娘とも。藤原鎌足の娘で、天皇の没後、異母兄の藤原不比等の妻となる。

Snow has fallen so deep
it blankets my village,
but in your hoary village
of Ohara, the snow
will surely fall later.

１０３番歌は、天武天皇が藤原夫人に贈った歌。「我が里」と「大原の古りにし里」（現在の明日香村小原《おおはら》）との距離は一キロほどしかない。それを「古りにし里（古びた里）」と呼び、「降らまくは後」とまるで遠くにあるかのように言っている。また、「ふれり」「ふりにし」「ふらまく」と弾むようなリズムを刻んでおり、この冗談めかした表現からも、天皇の夫人に対する親しみが感じられる。英語では“hoary”という old（古い）と snowy（雪の積もった）の両方の意味を持つ単語を用いて掛詞とすることで、この歌の遊び心を表現している。また、“hoary”は“Ohara”とも発音が似ており、この歌の遊び心をさらに増している。

我が里に／我が岡の

On the hill where I live
I prayed to the Water God
to make it snow;
what fell in your village
was but a few flakes of it.

１０４番歌は、前の天武天皇の歌に対する、藤原夫人の返歌。こちらも天皇の歌と同じく、ウィットに富んだ内容である。あなたが得意げに「大雪」と仰《おつしや》るそれは、私が水神に頼んで降らせた雪の、ほんの小さなかけらがそちらに飛び散ったにすぎないものよ、と応じているのだ。この冗談の応酬からは、天皇と藤原夫人との間の身分差が感じられず、二人のやり取りの明るく楽しい雰囲気が伝わってくる。この歌にある「龗《おかみ》」は水神（龍神）のことを指し、日本全国で今でも地方ごとに信仰されている。

大津皇子《おほつのみこ》、竊《ひそ》かに伊勢の神宮に下《くだ》りて上り来る時に、大伯皇女の作らす歌二首

我が背子《せこ》を 大和へ遣《や》ると さ夜ふけて
暁《あかとき》露に 我が立ち濡れし

巻2・105

現代語訳

大津皇子がひそかに伊勢神宮に下って、帰って来る時に、大伯皇女が作られた歌二首
わが弟を大和に帰らせようと、夜がふけても立ち続け、夜明け前の露に私は濡れました。

大伯皇女
おおくのひめみこ

――天武天皇の娘。六六一～七〇二年。大津皇子の同母姉で、謀反の嫌疑で自害させられた弟を思う歌で知られる。

二人行けど 行き過ぎ難き 秋山を
いかにか君が ひとり越ゆらむ

巻2・106

現代語訳

二人で行っても行き過ぎ難い秋山を、どうやってあなたは一人で越えているのでしょう。

大伯皇女
——前出。

Brother, seeing you off
for Yamato, I stood all night
watching after you
till I was drenched
in the dawn dew.

これらの歌は、一見すると一般的な旅の別れの歌のようだが、「竊《ひそ》かに」という題詞は穏やかではない。謀反を疑われて処刑された大津皇子の運命を念頭に置くものだろう。つまり『万葉集』は読者に、その悲劇を連想させようとしている。いわば姉弟の今生の別れの場面として読むよう求めているのだ。

まず第一首の105番歌。「遣る」という言い方に、本当は帰したくないのにあえて行かせる、という心が読み取れる。

彼女はいつまでも見送っているが、実際には夜中なので弟の姿は見えないはずだ。見えなくても彼女は立ち続け、遠ざかる足音が消えてなお弟の歩みを思い、立ちつくす。そこに彼女の思いの深さが窺《うかが》われる。

我が背子を／二人行けど

Even if two travelled together

it would be hard to cross

this autumn mountain,

so how can you cross it

all by yourself?

106番歌は、前の歌に続く第二首。夜の秋山を一人で越える弟を思う。「らむ」という表現は、今現在の状態を想像していること、見えない相手の状況を思いやっていることを示す。前の歌で夜通し立ち尽くしたと言ったその時に、思いやり想像していたことの具体的内容を示す歌だ。状況を詠う一首目、心情を詠う二首目、この二首が相まって、弟を思う姉の姿を描き出している。

彼女は自分の身もかえりみずに一晩中、真っ暗な山の中で立ち続けた。いくらでも連絡手段がある現代では、誰も家族を一晩中立ち続けて見送りはしないだろう。古の人の家族愛の深さ、無垢で素朴な愛情表現がとても切なく、心にしみる。

大津皇子、石川郎女に贈る御歌一首

あしひきの 山のしづくに 妹《いも》待つと
我立ち濡れぬ 山のしづくに

巻2・107

現代語訳

大津皇子が石川郎女に贈られたお歌一首
（あしひきの）山の雫で、あなたを待って私は立ったまま濡れてしまった、その山の雫で。

大津皇子 おおつのみこ

――天武天皇の第三皇子。六六三～六八六年。その才を謳われるが、父、天武天皇の崩御後、謀反の嫌疑をかけられ処刑された。

石川郎女の和《こた》へ奉《まつ》る歌一首

我《あ》を待つと 君が濡れけむ あしひきの
山のしづくに ならましものを

巻2・108

現代語訳 石川郎女が唱和した歌一首
私を待ってあなたが濡れたという、その（あしひきの）山の雫になれたらいいのに。

石川郎女

いしかわのいらつめ

歌人。生没年不詳。皇位をめぐるライバルでもあった草壁皇子と大津皇子から愛されたとされる。

In the dripping mountain dew
standing, waiting for you,
I grew weary and wet
standing, waiting for you,
in the dripping mountain dew.

石川郎女は草壁皇子の妻。１０７番歌の作者である大津皇子と不倫関係にあったらしい。そのため「山」という特殊な場所で人目を忍んで待ち合わせていたのだろう。この歌と次の歌は、その二人のやり取りである。

まず大津皇子の歌。この時代、待つのは普通、女性の側だった。男の皇子が待っているのはとても珍しい状況なのである。男の自分が待ち、しかもあなたが来ないから山の雫に濡れてしまった、と相手を責めている。もちろんそれは親しさ故のやり取りで、本気で責めているのではない。

「山のしづくに」の繰り返しが美しく、無垢さを感じさせる。英訳でも、"in the dripping mountain dew" と繰り返した。

While waiting for me
you were drenched
with the mountain dew.
How I wish I could've been
that mountain dew.

108番歌は、前の歌に対する、石川郎女の返歌。あなたが来ないから濡れてしまった、と責められた郎女は「行く」と直接返事はせず、「その雫になりたい」とはぐらかす。相手の言葉を使いながらどれだけうまく返事をするかが男女のやり取りでは重要だった。その意味で郎女の返歌は実に優れている。恋愛問答は「語争《ことば》ひ」だった、とは折口信夫の言。枕詞の翻訳は非常に困難だ。「あしひきの」の語義や語源は未詳だが、「足を引きずるように上り下りするのが大変な」山だという説もあり、"foot dragging" などと英語で訳されることが多い。しかし、この歌の場合は表現上大きな意味を持っているわけではなく、無理に訳す必要はないように思える。

吉野宮に幸《いでま》す時に、弓削皇子、額田王《ぬかたのおほきみ》に贈り与ふる歌一首

古《いにしへ》に恋ふる鳥かもゆづるはの
御井《みゐ》の上より鳴き渡り行《ゆ》く

巻2・111

現代語訳　天皇が吉野宮に行幸された時、弓削皇子が額田王に贈られた歌一首

古を恋い慕う鳥なのだろうか。ユズリハの御井の上を通って鳴きながら飛んでゆく。

弓削皇子 ゆげのみこ ― 天武天皇の第六皇子。六九九年没。『万葉集』に八首の歌が収められている。

The Yielding Well is carpeted
in yielding plants whose old leaves
give way to new,
but is the bird that flies across it
crying for days gone by?

持統天皇の吉野行幸時に、弓削皇子が額田王に贈った歌。弓削皇子が行幸に同行していたのに対し、額田王は都に残っていたらしい。このとき額田王はすでに六十歳前後。持統天皇と同じく、彼女も天武天皇の妻だった。天武天皇没後の彼女の立場は、それほど恵まれたものではなかったと思われる。弓削皇子のこの歌はひとつの慰めだったのかもしれない。「ゆづるはの御井」はおそらく傍にユズリハ（ユズリハ科の常緑高木）が生えていたことによる井戸の名。ユズリハはその名の通り、春に若葉が出ると古い葉が席を譲《ゆず》るように落葉する。鳥やユズリハは、新旧の時間の隔たりを象徴しているのである。

穂積皇子《ほづみのみこ》に勅《みことのり》して、近江の志賀の山寺に遣《つか》はす時に、但馬皇女の作らす歌一首

後れ居て恋ひつつあらずは追ひ及《し》かむ
道の隈回《くまみ》に標結《しめゆ》へ我が背

巻2・115

現代語訳　天皇の仰せで穂積皇子が近江の志賀の山寺に遣わされた時に、但馬皇女が作られた歌一首
後に残されて恋しく思っていないで、いっそのこと追いかけて行きたい。道の曲がり角に印をつけておいてください、あなた。

但馬皇女 たじまのひめみこ

天武天皇の娘。七〇八年没。高市皇子は異母兄。穂積皇子も異母兄弟である。

後れ居て 恋ひつつあらずは

Rather than being left here pining
I will surely try to follow you,
so please leave marks
for me at every turn of the road
to block me from following you.

但馬皇女は高市皇子の妃だった。だが穂積皇子と恋に落ち、やがてその関係は露見した。題詞にいう山寺への派遣が、この密通事件によるものかはわからない。ともかくも山寺へ行くことになった皇子を慕い、「追いかけたい」と皇女は詠う。

通説ではここでの「標」を、後を追うための目印とする。だが一説に「通せんぼの縄」、つまり結界ともされる。「標」の一般的意味を重視した説だ。仮にそう考えると、この歌は複雑な感情を詠うことになる。追いかけたいと思いながらも、結界を張ってほしいと呼びかける矛盾。いけないこととわかっているけど私は自分を抑えられない、だから結界を張って押し留めて……という熱烈な想いだ。

但馬皇女、高市皇子の宮に在《いま》す時に、竊《ひそ》かに穂積皇子に接《あ》ひ、事《こと》既に形《あら》はれて作らす歌一首

人言《ひとごと》を 繁み言痛《こちた》み 己が世に いまだ渡らぬ 朝川渡る

巻2・116

現代語訳　但馬皇女が高市皇子の宮にあった時に、ひそかに穂積皇子と関係を持ち、そのことがすでに露見してから作られた歌一首
人の噂があまりに激しくうるさいので生まれてこの方いまだ渡ることのなかった、朝の川を渡る。

但馬皇女　たじまのひめみこ ——前出。

人言を 繁み言痛み

Because the endless harsh rumors
make it pointless to hide,
I set off this morning to do something
I have not dared even once in my life—
stride across the daylight river!

前の歌（巻2・115）と同じく、穂積皇子と密通した但馬皇女の歌。ここでは既に二人の関係が世間に露見している。ではその関係を終わりにするのかといえば、そうではなく、むしろ皇女はより大胆な行動をとるのである。「朝」という語は、既に明るい日の差しはじめた時間帯を指す。今までは人の噂を気にしてそんな目立つ時間に渡ることはなかったが、事が露見した今となっては気にしても仕方がない、そう開き直って堂々と渡るのである。実際にはこれまで以上に世間の噂も激しくなって嫌な思いもあっただろうが、この歌はそんな暗さを感じさせず、清々しい。「アサカハワタる」というア段音の連なりも、一首に明るい印象を与えているようだ。[2]

柿本朝臣人麻呂、石見国《いはみのくに》より妻を別れて上り来《きた》る時の歌二首〈并《あは》せて短歌〉

石見の海 角《つの》の浦回《うらみ》を 浦なしと 人こそ見らめ 潟《かた》なしと 人こそ見らめ よしゑやし 浦はなくとも よしゑやし 潟はなくとも いさなとり 海辺をさして にきたづの 荒磯《ありそ》の上に か青く生ふる 玉藻沖つ藻 朝はふる 風こそ寄せめ 夕はふる 波こそ来寄れ 波のむた か寄りかく寄る 玉藻なす 寄り寝し妹を 露霜の 置きてし来れば この道の 八十隈《やそくま》ごとに 万度《よろづたび》かへり見すれど いや遠《とほ》に 里は離《さか》りぬ いや高《たか》に 山も越え来ぬ 夏草の 思ひしなえて 偲《しの》ふらむ 妹が門《かど》見む なびけこの山 巻2・131

柿本人麻呂

かきのもとのひとまろ――前出。

現代語訳

柿本人麻呂が、石見国から妻と別れて上京して来る時の歌二首

〈あわせて短歌〉

石見の海の角の浦一帯を、「良い浦がない」と人は見るだろう、「良い潟がない」と人は見るだろう、たとえ良い浦はなくとも、たとえ良い潟がなくとも、（いさなとり）海辺をさして、にきたづの荒磯のあたりに、青々と生える美しい沖の藻、それを朝に立つ風が寄せるだろう、夕に立つ波が寄ってくるだろう、波とともにあちらへ寄りこちらへ寄る、そんな玉藻のように寄り添って寝た妻を、（露霜の）置き去りにして来たので、この道の曲がり角ごとに何度も振り返って見るけれど、いよいよ遠く里は離れてしまった、いよいよ高く山も越えて来てしまった、（夏草の）しょんぼりと私を偲んでいるであろう、その妻の家の門が見たい、なびけこの山よ。

Of the Bay at Tsuno on the Iwami sea, there's no good inlet around here, the people say. There's no good shore the people clamour.

But I don't care if there's no good inlet, I don't care if there's no good shore because off the desolate rocky coast of Nikitazu, in the offing luscious green seaweed heads for the seashore and the wind that beats like the wings of a bird of morning, blows the seaweed in, the waves that beat like the wings of a bird of evening flow towards the shore, flowing in from here and there luscious green seaweed flows, as we flowed into each other and made love—this is the wife that I left behind as frost and dew are left on the ground; so at every corner of the twist-filled road I turn and look back dozens and dozens of times but her village gets further and further away and the mountains that I cross are higher and higher. Like wilting summer grasses my wife is surely longing for me; If I could just catch a glimpse of even the gate of her home. Mountain, —like grasses flattened by wind— Flatten down!

石見（島根県西部）に残した妻との別れを詠う作品。長歌一首短歌二首のまとまり二組からなり、これは一組めの長歌。長歌全体の半分以上は石見の風景描写とも言える序。別れとは無関係にも見えるが、この序によって妻は石見という土地と不可分の存在として位置づけられる。一緒に連れていけばいいのに、という疑問は生じる余地がない。別れは必然であり、再会も望めないものと理解される。結句「なびけこの山」は類例のない独特の表現。「なびく」は本来、草木が風などで倒れる様を言う。山がなびくはずもない。だが妻のいる所を最後にもう一度見たいと、切に呼びかけるのだ。もう見えないと知りつつ、それでも見たいと願う思いがほとばしる。

反歌二首

石見のや 高角山《たかつのやま》の 木《こ》の間《ま》より
我が振る袖《そで》を 妹見つらむか

巻2・132

現代語訳

反歌二首

石見の高角山の木々の間から、私が振る袖を妻は見ているだろうか。

柿本人麻呂

かきのもとのひとまろ ―― 前出。

笹の葉は　み山もさやに　さやげども
我は妹思ふ　別れ来ぬれば

巻2・133

現代語訳　笹の葉は御山全体にさやさやと際《きわ》やかに音を立てているが、私は静かに妻を思う、別れて来たので。

柿本人麻呂——前出。

On Mount Takatsuno
in Iwami,
I waved my sleeves
between the trees.
Could my wife have seen me?

１３２番歌は、前の長歌に続く第一反歌。長歌では何度も振り返りつつ歩みを進め、最後は「なびけこの山」と結ばれていた。山にそう呼びかけるということは、もう妻の姿が見えてはいないのである。自分からは見えなくなったその時に、妻は見ていただろうか、と相手の状況に思いを馳せる。それがこの反歌だ。袖を振る行為は、現代風に言えば手を振ることである。相手の視線をこちらに向けたい時、手を振ることで注意をひく。既に遠く離れ、互いの姿が見え難いこの時に、少しでも自分の姿を見せようとして別れを惜しんでいるのだ。果たして妻がそれを見たかどうか、もはやわからない。別れを惜しむことのできる時間はそこに終わりを告げる。

The rustling of the bamboo leaves
rings throughout the mountain side,
but my thoughts are silent,
as I'm thinking of my wife
whom I have left behind.

１３３番歌は、第二反歌。ここでは既に姿が見えなくなったことを受け入れ、それ故に妻を「思ふ」という表現になっている。笹がざわざわと音を立てる山中で、しかし自分は静かに妻を思い続ける。別れの余韻がしみじみと胸を打つ。これらの歌から判断すると、おそらく人麻呂には役人として石見国に赴任した時期があったのだろう。任期を終え、現地で知り合った妻を置いて都に帰る時、この歌を詠んだ。少なくとも題詞や歌の内容からはそう読み取れる。その設定自体を虚構の産物とする説もあるが、定かではない。ただ何らかの事実に基づくのでなければ、ことさらに石見国を持ち出す理由もないだろう。実体験を想定したくなるほど真に迫る傑作だ。

有間皇子自ら傷《いた》みて松が枝《え》を結ぶ歌二首

岩代《いはしろ》の 浜松が枝《え》を 引き結び
ま幸《さき》くあらば またかへり見む

巻2・141

現代語訳 有間皇子が自ら悲しんで松の枝を結んだときの歌二首
岩代の浜の松の枝を引き結んでおいて、もし幸い無事であったならまたここに帰って来て見よう。

有間皇子

ありまのみこ――孝徳天皇の息子。六四〇～六五八年。父の死後に即位した女帝、斉明天皇と中大兄皇子（のちの天智天皇）への謀反計画が明るみに出て絞首刑に。

岩代の　浜松が枝を

I bind the branches
of a pine tree
on Iwashiro Bay.
If all goes well, I'll return
to see them here again.

有間皇子は孝徳天皇の唯一の子。斉明天皇四年（六五八）十一月、有間皇子は蘇我赤兄《そがのあかえ》にそそのかされて謀反を企てるが、他ならぬ赤兄に捕らえられた。そして紀伊の湯に行幸中の斉明天皇のもとに連行され、尋問の末に藤白坂で絞殺される。岩代は現在の和歌山県日高郡みなべ町。この歌は紀伊の湯に連行される道中、この地で詠まれたと考えられる。枝を結ぶのは無事を祈る一種の呪《まじな》いだったらしい。「ま幸くあらば」には、結んだ枝が解けなかったら／自分が無事でいられたら、という二つの仮定が含まれる。結果として皇子は再び都に向かって移送され、岩代よりも先の藤白坂で亡くなっている。往路で結んだ枝を再び見たかどうか、歌には残されていない。[3]

天皇聖躬不予《みやまひ》したまふ時に、大后の奉る御歌一首

天《あま》の原 振り放《さ》け見れば 大君の
御寿《みいのち》は長く 天足《あまた》らしたり

巻2・147

現代語訳

天皇がご病気の時に、倭大后が奉られたお歌一首
天空を振り仰いで見ると、大君のお命は長く久しく、天いっぱいに満ち足りています。

倭大后
やまとのおおきさき

天智天皇の后。生没年不詳。倭姫皇后とも。

一書に曰く、近江天皇の聖体不予したまひて、御病急《みやまひには》かなる時に、大后の奉献《たてまつ》る御歌一首

青旗《あをはた》の 木幡《こはた》の上を 通ふとは

目には見れども 直《ただ》に逢はぬかも

巻2・148

現代語訳

ある書に、近江の天皇（天智天皇）がご病気で危篤に陥られた時に、大后が奉られたお歌一首

青い旗のように青々と木々が茂る木幡の山の上を行き来しておられるということは、目に見えるけれど、直接お会いすることはできないのです。

倭大后——前出。

When I look up
at the heavens,
I see your long life
stretching the length
of the skies.

１４７〜１５５番には天智天皇の崩御前後の后たちの歌が並ぶ。１４７番歌は病気の時の歌。私たちは病気になると「早くよくなりますように」と祈る。だがこの歌は「命が長久に天に満ちている」と言うことで、回復を祈っている。命は本来見えないが、この歌ではそれを見たように（＝幻視）描写し、今後も長く続くものとしてある、と治る前から祝《ことほ》いでいる（＝予祝[4]）。現代とは異なる発想だ。「長く」と「天足らし」、すなわち「長さ」と「満ちている」の両立はとても訳しにくい。そこで“stretching the length of the skies”という表現を使った。これによって、長いということと満ちているということの両方を含めることができた。

天の原／青旗の

Above the blue-green flags
of Mount Kohata
I see your spirit
coming and going,
but I can't meet you here below.

148番歌の木幡は地名で、現在も京都府宇治市に木幡という町名が残るが、かつては山科のあたりも含んだらしい。山科には天智天皇の陵墓がある。「青旗の」はその木幡にかかる枕詞で、青々と木々が茂るイメージを喚起する。これは英語の感覚からすると大変詩的で新鮮だ。枕詞は現代日本語でも訳し難いことが多いが、この場合は枕詞を生かした英訳ができたように思う。天皇の魂は、生前の宮と死後の葬地とを行き来している。それが見えると詠うことは前の歌と同様に幻視だが、この歌では姿は見えても会うことができないという嘆きに結着する。言葉の呪性は届かなかった。その限界性を通して、死という別れの悲しみが巧みに表現されている。

大津皇子の屍《かばね》を葛城《かづらき》の二上山《ふたがみやま》に移し葬《はぶ》る時に、大伯皇女の哀傷して作らす歌二首

うつそみの人なる我《あれ》や明日よりは
二上山を弟《いろせ》と我《あ》が見む

巻2・165

現代語訳　大津皇子の屍を葛城の二上山に移葬した時に、大伯皇女が悲しんで作られた歌二首
現世の人である私は、明日からは二上山を弟として見るしかないのでしょうか。

大伯皇女

おおくのひめみこ――前出。

うつそみの　人なる我や

From tomorrow, as I’m
still living in this world
there’s nothing I can do
but look on you, Mount Futagami,
as my brother.

大津皇子の処刑後、姉の大伯皇女が作った歌。この姉弟が置かれていた状況については既に触れた（巻2・105、106）。「二上山を弟と我が見む」という発想は、弟の姿が現世から失われた、という事実を背景にもつ。二上山は大津皇子の葬られた地である。

私たちは写真や映像を見ることで死んでしまった人に思いをはせることができるが、この時代にそのようなものはない。肖像画はあったかもしれないが、少なくとも『万葉集』の挽歌に、それを見て故人を偲ぶ歌はない。

死者となってしまった弟は、「うつそみの人」である自分がいる現世にはもういない。大伯皇女が弟を偲ぶために見ることができるのは、弟が葬られた山しかないのだ。[5]

但馬皇女の薨《こう》じて後に、穂積皇子、冬の日雪の降るに、御墓《みはか》を遥かに望み悲傷流涕して作らす御歌一首

降る雪は　あはにな降りそ　吉隠《よなばり》の
猪養《ゐかひ》の岡の　寒からまくに

巻2・203

現代語訳

但馬皇女が薨去《こうきょ》した後、穂積皇子が、雪が降る冬の日に、御墓を遥かに望んで悲しんで涙を流して作られた歌一首
降る雪は多くは降るな。吉隠の猪養の岡が寒いだろうから。

穂積皇子　ほづみのみこ

――天武天皇の第五皇子。七一五年没。但馬皇女との恋で有名。晩年、やはり万葉歌人として名高い大伴坂上郎女を妻とする。

降る雪は　あはにな降りそ

Falling Snow,
don't pile up too high
for it will make
my love's grave cold
on the Hill of Ikai in Yonabari.

但馬皇女と穂積皇子との関係については既に述べた（巻2・115、116）。その後の二人の関係はわからないが、この歌からは皇子が最後まで深い愛情の念を抱いていたことが窺える。下三句は、葬られた皇女を思いやって「寒からまくに」と詠う。ただ、歌の中で寒がる主体は「猪養の岡」[6]。そこに但馬皇女は葬《ほうむ》られたのだろう。葬られた地を故人その人と見る発想（巻2・165参照）がこの歌にも認められる。

亡くなってなお恋しい人の寒さまで気に掛けるという点に、『万葉集』ならではの世界観を見てとることができる。また、原文では「降る雪は」となっているものの、翻訳では"Falling Snow" と呼びかける形を取った。

柿本朝臣人麻呂、石見国に在りて死に臨む時に、自ら傷《いた》みて作る歌一首

鴨山《かもやま》の 岩根《いはね》しまける 我をかも
知らにと妹が 待ちつつあるらむ

巻2・223

現代語訳　柿本人麻呂が、石見国にあって死に臨んでいる時に、自ら悲しんで作った歌一首
鴨山の岩を枕にして伏している私なのに、それとは知らずに妻は今も帰りを待ち続けていることだろうか。

柿本人麻呂 かきのもとのひとまろ ―― 前出。

鴨山の　岩根しまける

Near my end,
a rough rock of Mount Kamo
has become my pillow,
but my wife waits for me
knowing not a thing of this.

巻二挽歌部の終わりごろに、柿本人麻呂の死にかかわる歌々が並んでいる。この歌の題詞に「死」という語が使われていることから、この万葉屈指の大歌人は比較的身分の低い人物だったことがわかる。死ぬことを表す言葉は、身分によって崩・薨・卒・死と明確に使い分けられることが、法律（喪葬令）で決められていたのだ。

この歌の中で、人麻呂は妻から遠く離れた山中で死に瀕している。旅先から妻を思うのは旅の歌の典型的な発想だが、ここでは旅先で死ぬ人として自身を描いている。鴨山は所在地に諸説あり、「石見国」という題詞を疑う説もある。

柿本朝臣人麻呂が死ぬる時に、妻依羅娘子の作る歌二首

今日今日《けふけふ》と　我《あ》が待つ君は　石川の
貝《かひ》に　交《ま》じりて　ありといはずやも

巻2・224

現代語訳
柿本人麻呂が死んだ時に、妻の依羅娘子が作った歌二首
今日か今日かと私が帰りを待っているあなたは、石川の貝に混じっていると言うではありませんか。

依羅娘子
よさみのおとめ
——柿本人麻呂の妻。生没年不詳。

直《ただ》に逢はば 逢ひかつましじ 石川に
雲立ち渡れ 見つつ偲《しの》はむ

巻2・225

現代語訳

直接会おうとすれば会えないでしょう。どうか石川に雲よ立ち渡れ。せめてそれを見てあの人を偲びましょう。

依羅娘子

——前出。

Today! Today! Every day
I was sure that this
would be the day you'd return,
But are your bones mixing with shells
in the River of Stones?

前の人麻呂の歌（巻2・223）に続いて、妻の歌が二首掲出される。224番歌はその第一首。前の歌に詠われた「家で待つ妻」という発想を、こちらでは妻の側から詠い、山中の川で息絶えている夫がありありとイメージされている。今か今かと帰りを待っていた夫と、貝に交ざり死んでいる現実の夫との落差から、訃報に対する衝撃が感じ取れるだろう。

石川は、石川という名の川なのか、石の多い川なのか、詳しいことはわからない。しかし英訳では石の多い川 "the River of Stones" とした。こちらのほうが英語圏の読者にとってもわかりやすく、かつ詩的である。

Even if I wanted to meet you
I could not, so at least,
Dear Clouds, rise above
the River of Stones.
Looking on them, I'll mourn for you.

２２５番歌は前の歌に続く妻の歌。遠く離れていて会えないから、せめて今あの人がいる場所に雲が立ってほしいと願う。古来、雲は遠く離れて見えない相手の姿の代わりに、せめて見えてほしいと願われるものだった。相手のいる場所に立つ雲を見ることで、その下にいる相手の存在を思うのだ。

なお、もしこれら人麻呂の死にかかわる歌が事実だとすれば、誰かが瀕死の人麻呂を山中に放置して妻に知らせを届けたことになる。なかなか考えにくい状況だ。人麻呂は事実だけを歌うのではなく、歌で物語を作り出すこともあった。これらの歌も、自分の死という場面を設定し、歌を通して披露された物語だったのかもしれない。

注

1 ただし、それを"becomes covered with frost"と直訳してしまうと霜の季節までしか待たないことになってしまうので、比喩であることが明確に伝わる訳にした。

2 直訳ではこの歌の真意は伝わらないので、少し翻案を加えてみた。「繁み言痛み」の現代語訳は「あまりに激しくうるさいので」だが、私の英訳では「隠しても意味がないほどに」といった意味になっている。また「人目をしのんで秘かに帰宅する」と言うかわりに「朝に川を渡る」と婉曲な表現をしているが、私の英訳ではこの「朝」を「昼日中」に変えた。自分の姿が人に見咎《みとが》められてしまっている、ということが重要だからだ。

3 この歌は『万葉集』で「挽歌《ばんか》」として最初に掲出される歌。「挽歌」は元来「柩《ひつぎ》を挽《ひ》く時に詠う歌」を意味する漢語だが、この歌はそのような歌ではない。この歌から始まる有間皇子関係歌群には「歌の意を准擬《かむが》へ」(歌意を「挽歌」に準ずるものと見なす、ということ)て挽歌の部に入れた、という左注がある。『万葉集』における「挽歌」の分類基準がそこに示されている。

4 予祝とは、望ましい未来が現実化する前に予め祝《ことほ》ぐことで、そうした未来を現実に引き寄せようとする古代特有の呪的発想。この歌では天皇の長久を断定的に詠って祝いでおり、そうした未来を切実に願う思いが窺える。ただし、その有効性に対する信頼は徐々に揺らぎつつあった。そうしたかつての呪的な発想を、表現として利用したと考えるべきかもしれない。

5 大津皇子がすでに死んだのであれば、なぜ"from now on"（今よりは）ではなく"from tomorrow"（明日よりは）なのかという疑問が生じる。その答えは、この歌は二上山への埋葬が行われたそのときに詠まれた歌だから、ということになるだろう。今日は埋葬のために訪れている二上山を、明日からは離れて仰ぎ見ることになるのだ。

6 猪養の岡は吉隠のあたりと思われるが未詳。吉隠は奈良県桜井市初瀬の東、榛原よりの土地を指す。

奈良の都は咲く花の

（柿本朝臣人麻呂が羇旅《きりょ》の歌八首）

淡路の 野島の崎の 浜風に

妹が結びし 紐吹き返す

巻3・251

現代語訳

（柿本人麻呂の旅の歌八首）

淡路島の野島の崎の浜風に、妻が結んでくれた紐を吹き返させている。

柿本人麻呂

かきのもとのひとまろ——前出。

淡路の　野島の崎の

On the Cape of Nojima
far away on Awaji Island
the knots of my robes
tied by my beloved wife
flap in the wails of wind.

「羇旅八首」と通称される歌群中の一首。淡路島の岬[1]に立つと一陣の風が吹き、妻が結んでくれた衣の紐が翻る。一瞬の光景を切り取る歌だが、旅の途中で家の妻を思う寂しさがある。寂しいと直接言うのではなく、紐が吹き返る光景に心情を託す名歌だ。

　そうした旅愁を伝えるため、英訳では原文にない“far away”を加えた。現代の英語の読者には距離感がわからないからである。また「吹き返す」は“flap in the wails”と訳した。このwailは「風が音を立てる」の意だが、「むせび泣く」の意もあり、妻を慕い嘆く姿を想起できる。

　この歌からは、既に触れた明日香風の歌（巻1・51）も思い起こされる。

（柿本朝臣人麻呂が羇旅の歌八首）

燈火《ともしび》の 明石大門《あかしおほと》に 入《い》らむ日や
漕ぎ別れなむ 家のあたり見ず

巻3・254

現代語訳

（燈火の）明石海峡にこの船がさしかかる日には、大和とも漕ぎ別れることになるのだろうか。家のあたりを見ることもなく。

柿本人麻呂

かきのもとのひとまろ――前出。

天ざかる　鄙《ひな》の長道《ながち》ゆ　恋ひ来れば
明石の門《と》より　大和島《やまとしま》見ゆ

第3・255

現代語訳

（天ざかる）地方の長い道のりを恋しく思いながらやって来ると、明石海峡から大和の山々が見える。

柿本人麻呂——前出。

I can no longer even see
the direction of my home
on this day that I depart,
and sail beyond
the faintly lit Akashi Straits.

前の歌（巻3・251）と同じ「羈旅八首」から。254番歌の「明石大門」は明石海峡で、ここは畿内と畿外を隔てる西の門だった。門とは一種の境界で、海峡や河口、港などの出入口も「と（門／戸）」と言った。これはそんな明石大門を通る往路の歌。

山を越えて河内国に入った時点で、既に家のあたりは見えない。しかし、あの山の向こうに家がある、と思えたその山さえ、明石海峡を越えると見えなくなってしまう。住み慣れた土地からいよいよ遠くなる実感がわき起こる。ことさらに明石海峡に漕ぎいる日を歌うのはこうした理由による。

「燈火の」は枕詞。「燈火が明し」で明石にかかる。言葉遊びだ。[2]

燈火の／天ざかる

Always longing to return,
I journeyed far from the capital,
but at last I see the mountains
of my beloved Yamato home
crossing again the Straits of Akashi.

２５５番歌は引き続き「羈旅八首」から明石海峡を詠み込む歌。こちらは復路の歌である。どこまで行ってきたのかはわからない。だが都から遠く離れた海を延々と航行する時、ずっと都への恋しさを募らせていたことだろう。今ようやく明石海峡が見え、その「門」の間から懐かしい大和の山々が現れる。舞い上がるようなその喜びを、ただ「大和島見ゆ」と噛みしめるように歌うところに人麻呂らしい重厚な響きがある。「鄙」は都から遠い田舎のことで、「天ざかる」はそれにかかる枕詞。天のように遠く離れた田舎と捉える説と、天＝都から遠く離れた田舎と捉える説がある。いずれにせよ都から遠いということが重要で、英語でもそのように訳した。

（柿本朝臣人麻呂が羇旅の歌八首）

飼飯《けひ》の海のには良くあらし刈《か》り薦《こも》の
乱れて出《い》づ見ゆ海人《あま》の釣舟《つりぶね》

巻3・256

現代語訳

飼飯の海の漁場は良い具合であるらしい。刈薦のように入り乱れて漕ぎ出てゆくのが見える、海人の釣船が。

柿本人麻呂

かきのもとのひとまろ ― 前出。

飼飯の海の　には良くあらし

The fishing spot looks quiet and calm
on the sea of Kehi
as the fishermen in their boats
fan out like a bundle of reeds
cast about in splendid disarray.

「羈旅八首」の最後を飾る歌。飼飯の海は淡路島西岸一帯の海。前の歌（巻3・255）で「大和島」を見たことで、畿内に帰ってきた実感を得た人麻呂。そのために心に余裕が生まれたと見るべきか、漁村の生活感が漂う穏やかな歌となっている。「刈り薦」は「乱る」にかかる枕詞で、たくさんの釣船が一斉にばらばらと沖に出る様子を表現している。

古来、海の旅は危険と隣り合わせだった。しかし旅路ではなく生活の場として穏やかに描かれたこの歌の海からは、畿内の入り口まで帰ってきた人麻呂の安堵感が伝わってくる。「には」は何かを行う場のことで、この場合は結句に「釣舟」とあるので漁場と読み取れる。英訳では“fishing spot”と表現した。

柿本朝臣人麻呂、近江国より上り来る時に、宇治河《うぢかは》の辺《へ》に至りて作る歌一首

もののふの八十《やそ》宇治川の網代木《あじろき》に
いさよふ波の行《ゆ》くへ知らずも

巻3・264

現代語訳 柿本人麻呂が、近江国から上京して来る時に、宇治川の辺りに至って作った歌一首

（もののふの八十）宇治川の網代木に留まり漂っている波の行方もわからないことだ。

柿本人麻呂 かきのもとのひとまろ ―― 前出。

もののふの　八十宇治川の

The waves break and drift
at wicker nets in the Uji River.
We don’t know where they’ll flow,
just as we don’t know the fate
of those courtiers of the past.

網代木にしばし留まり、やがてどこへともなく流れ去る波を描写した叙景歌。自然の景と人世のあり様が重なる。後世の「ゆく河の流れは絶えずして、しかももとの水にあらず」（『方丈記』）に通じる観念がここにある。

「もののふ」は朝廷に仕える文武百官で、「もののふの八十」までが「氏《うぢ》」と同音の「宇治《うぢ》」を引き出す序。ここではたくさんという意の「八十」を含め、“courtiers”と訳した。「近江国より上り来る時」という題詞に鑑みて、「もののふの八十氏」は近江宮を念頭に置いたものと思しい。消えゆく波のように、かつての近江宮の人々も既にそこにはいなかったのだ。無常の静かな感傷が、川への眼差しを通して表現されている。[3]

柿本朝臣人麻呂が歌一首

近江《あふみ》の海 夕波千鳥 汝《な》が鳴けば

心もしのに 古《いにしへ》思ほゆ

巻3・266

現代語訳

柿本人麻呂の歌一首

近江の海の夕波千鳥よ、おまえが鳴くと心も萎《しお》れるほどに遠い昔のことが思われる。

柿本人麻呂

かきのもとのひとまろ ―― 前出。

Dear Waves-of-Evening Plovers
on the Sea of Oomi,
when you cry
the heart withers,
thinking of the distant past.

前の歌（巻3・264）と同様、この歌も近江大津宮を想起させる。近江の海は琵琶湖のこと。「夕波千鳥」は人麻呂の造語。名詞を二つ重ね、夕暮れの波うち際で群れる千鳥を端的に表現している。変わらぬ千鳥の鳴き声を聞き、失われた古に思いをはせるのだ。冒頭二句は名詞を連ねた重みのある詠い出しだ。ともすれば頭でっかちな歌になりかねないが、この歌では第三句以降を同一母音の連続（ナ《a》ガ《a》ナ《a》ケ《ē》バ《a》コ《ō》コ《ō》ロ《ō》モ《ō》シ《i》ノ《o》ニ《i》イ《i》ニ《i》シ《i》ヘ《e》オ《o》モ《ō》ホ《o》ユ《u》）で整え、全体をバランスよくまとめている。

英訳では「夕波千鳥」を、“Waves-of-Evening Plovers”とした。「心もしのに」は“the heart withers”と訳したが、英語では普通用いない表現であり、新鮮である。

山部宿禰《すくね》赤人、富士の山を望む歌一首〈并せて短歌〉

天地《あめつち》の 分《わか》れし時ゆ 神《かむ》さびて 高く貴《たふと》き 駿河《するが》なる 富士の高《たか》嶺《ね》を 天《あま》の原《はら》 振り放《さ》け見れば 渡る日の 影も隠らひ 照る月の 光も見えず 白雲も い行《ゆ》きはばかり 時《とき》じくそ 雪は降りける 語り継ぎ 言ひ継ぎ行かむ 富士の高嶺は

巻3・317

現代語訳

山部赤人が、富士山を望む歌一首〈あわせて短歌〉

天と地が分かれた時から、神々しく高く貴い、駿河の富士の高嶺を、天空遥かに振り仰いで見ると、空を渡る太陽の姿も隠れ、照り輝く月の光も見えず、白い雲も進むことをためらい、時となくいつも雪は降り積もっている。語り伝え言い継いでゆこう、この富士の高嶺は。

山部赤人

やまべのあかひと

――歌聖と呼ばれた奈良時代の歌人。七三六年頃没。『万葉集』には長歌十三首、短歌三十七首が収められている。

反歌
田子《たご》の浦ゆうち出《い》でて見ればま白《しろ》にそ富士の高嶺《たかね》に雪は降りける

巻3・318

現代語訳　反歌

田子の浦を通って出て見ると、真っ白に、富士の高嶺に雪が降り積もっている。

山部赤人——前出。

Gaze up at Mount Fuji in Suruga.
Majestic and of great height,
since heaven and earth parted.
She hides the light of the passing sun,
and at night the light of the shining moon.
Moving towards her peak
white clouds hesitate,
and snow falls always on her lofty peak.
Let's talk on and on about Fuji the Great.

山部赤人は『万葉集』を代表する歌人の一人。平安時代以降、柿本人麻呂と並び称された。この歌はその赤人の代表作の一つに数えられており、全体は長歌一首反歌一首からなる。

まず317番の長歌。世界が初めて生まれた時から、悠久の歴史を持つ富士山。日、月、雲、雪という四つの自然物に焦点を当て、富士山の高さ、神々しさを描写する。そして、これからも富士山を語り継いでいく、という表現によって歌いおさめている。現在から未来に向かって富士山の価値を継承する意思が感じ取れる歌だ。その言葉通り、富士山が現在に至るまで多くの人に親しまれていることは言うまでもない。

Coming out on the Bay of Tago,
there before me,
Mount Fuji—
snow piled up on her peak,
a splendid cloak of white.

318番の反歌では雪に焦点が当てられる。この歌は『新古今集』（冬・675）、『百人一首』に「田子の浦にうち出でて見れば白妙の富士の高嶺に雪は降りつつ」としてとられた。この形では、富士は田子の浦で見て、雪は想像の中で今降りしきる。だが『万葉集』の場合は田子の浦を通って移動し、やがて白い雪を被った富士が目に飛び込む、その感動が表現されており、雪は降り積もった状態である。観念的な『新古今集』『百人一首』の形に対し、『万葉集』の形は実際に目にした瞬間の感動を伝える表現だ。『百人一首』では“snow still falling on her peak”と訳したが、ここでは“snow piled up on her peak”とし、雪のあり方の違いを表現した。

大宰少弐《だざいのせうに》小野老朝臣の歌一首

あをによし 奈良の都は 咲く花の
にほふがごとく 今盛りなり

巻3・328

現代語訳

大宰少弐小野老の歌一首
（あをによし）奈良の都は咲く花が匂い映えるように、今真っ盛りである。

小野老

おののおゆ

――大宰府次官。七三七年没。

あをによし　奈良の都は

Like the blossoms
blooming beautifully
the capital of Nara
is a flower
in full bloom.

題詞の「大宰少弐」は大宰府次官。都から大宰府に戻った小野老が、宴席で都の様子を報告した歌だ。「花」というのが何の花かは不明だが、実際に花咲き誇る春の都を見たのだろう。その花の様子に、天平文化咲き誇る都の繁栄を喩えている。奈良は今でこそ長閑《のどか》な古都だが、当時は最先端の都市だった。この歌を聴いた大宰府官人たちは華やかな都の様子に思いをはせたことだろう。

「あをによし」は「奈良」にかかる枕詞。顔料や塗料になる「青土《あおに》」の産地だったことが由来とも言われるが、未詳。ただ、由来はともかく『万葉集』で多く「青丹《あおに》」と表記されることからすると、都に立ち並ぶ建物の鮮やかな色が連想されたのかもしれない。

山上憶良臣《おみ》、宴《えん》を罷《まか》る歌一首

憶良らは 今は罷らむ 子泣くらむ それその母も 我を待つらむぞ

巻3・337

現代語訳

山上憶良が、宴会から退席する歌一首

憶良などはもうこれで失礼しましょう。子供が泣いているでしょう。その母親も私を待っていることでしょう。

山上憶良

やまのうえのおくら

奈良時代を代表する歌人。六六〇年頃〜七三三年頃。死や貧しさ、老いなどを鋭く見つめた歌も多い。

憶良らは　今は罷らむ

I, Okura, take my leave,
for my child
must be bawling,
and his mother
is surely waiting for me.

『万葉集』には恋愛の歌が多く収録されているが、山上憶良の作品は恋人への愛情ではなく、家族愛に溢れている。

この歌は宴会で先に帰ろうとする時に歌われたもの。現代でも「家で子供が待っているから、奥さんが待っているから」と言って先に退席しようとする場面はよく見られる。ところが「まあまあ、もうちょっとだけ」と引き留められ、結局ぐずぐず居続けてしまう。「今は罷らむ」からは、そんな様子がうかがえる。それまでも帰ろうとはしていたけれど「今度こそは、これで失礼しますよ」といったニュアンスだ。全体的に少し冗談めかしたような調子があり、宴会らしい雰囲気が伝わってくる。

（大宰帥大伴卿《だざいのそちおおとものまへつきみ》、酒を讃《ほ》むる歌十三首）

なかなかに人とあらずは酒壺《さかつぼ》に
なりにてしかも酒に染みなむ

巻3・343

現代語訳 （大宰帥大伴卿、酒を讃美する歌十三首）
なまじ人としてあるよりは、いっそ酒壺になってしまいたい。そうしたらずっと酒に浸っていられるだろう。

大伴旅人
おおとものたびと

――奈良時代の歌人。六六五～七三一年。「令和」のもととなった梅花の宴は旅人邸で開かれた。

なかなかに　人とあらずは

Rather than be
a human vessel,
I'd like to be
a sake jar
always filled with sake.

中国に鄭泉《ていせん》という酒好きの男がいて、死ぬ時に次のように遺言した。「私を陶工の家のそばに葬ってくれ。百年後に土と化して、酒壺になれたら満足だ」、と（『呉志』）。この歌はこの逸話を踏まえたものだが、「なかなかに人とあらずは」という表現があることによって、単なる酔っぱらいの妄言にとどまらないものになっている。この歌を含む旅人の「讃酒歌」群の歌々には、人生に対する嘆きが見え隠れする。

　英訳では「なかなかに人とあらずは」を訳すにあたり、「人」を当初"half hearted"と訳していた。しかしその後考え直して、文語的な"human vessel"とした。こちらの方がもちろん深みがあり、美しい。[4]

沙弥満誓の歌一首

世間《よのなか》を 何に喩《たと》へむ 朝開《あさびら》き
漕ぎ去《い》にし舟の 跡なきごとし

巻3・351

現代語訳

沙弥満誓の歌一首
この世の中を何にたとえようか。それは朝早く港を出て漕ぎ去った船の跡が何も残っていないようなものだ。

沙弥満誓
さみまんせい

——飛鳥・奈良時代の歌人。生没年不詳。美濃守を務め、木曾路を開通させた。出家後、観世音寺の造営のため、筑紫に赴く。

世間を 何に喩へむ

To what shall I
compare this life?
It's like a boat rowed out
at the break of dawn,
leaving not a trace.

世の中のはかなさ、つまり、現世に対する無常観を詠んだ歌。朝早く漕ぎ去った船の行方は知られず、その航跡もすぐに消えてしまう。そうなるともう、「さっきまで船がいた」という事実すら、確かめようがない。そこにはただ、茫漠とした海原が横たわるだけである。世の中とそこに住む人々との関係も、このような海と船との関係に似ている。寂寥感の漂う心象風景に、人生観が重ねられているのである。

シンプルなイメージながら、海のような深さをたたえている歌である。「朝開き」は現代日本語にはない表現だが、英語では"the break of dawn"というちょうどぴったりの表現があった。

天平《てんぴやう》二年庚午《かうご》の冬十二月、大宰帥大伴卿、京《みやこ》に向かひて道に上《のぼ》る時に作る歌五首

我妹子《わぎもこ》が 見し鞆《とも》の浦《うら》の むろの木は
常世《とこよ》にあれど 見し人そなき

巻3・446

現代語訳

天平二年十二月に、大宰帥大伴卿が、帰京する道中に作った歌五首

わが妻が見た鞆の浦のむろの木はずっと変わらずあるけれど、これを見た人はもういない。

大伴旅人 おおとものたびと――前出。

磯の上に 根延《ねば》ふむろの木見し人を
いづらと問はば 語り告げむか

巻3・448

現代語訳

磯の上に根を張っているむろの木よ、お前を見た人のことを今どこでどうしているかと尋ねたら、語り聞かせてくれるのだろうか。

大伴旅人

——前出。

The cypress mouse tree
that my beloved wife saw
still remains on Tomo Bay,
but the one who saw it
is no more.

大伴旅人は大宰帥《だざいのそち》（大宰府長官）として九州に赴任したが、現地到着後まもなく妻を亡くした。長旅の疲れもあったのかもしれない。これらの歌はその大宰府から都へ帰る時の歌。来る時にいた妻はもういない。題詞の「五首」は、鞆の浦で詠んだ三首と、敏馬《みぬめ》で詠んだ二首から成る。いずれも妻を思う歌だ。

446番歌は鞆の浦三首の第一首。往路で一緒に見た木だろう。変わらないむろの木といなくなった妻とを対比的に詠う。鞆の浦は広島県福山市。むろの木は杜松《ねず》（ヒノキ科の常緑樹）のこと。杜松はその針葉を鼠除けに使ったことから鼠を刺すという意でネズミサシとなり、それが縮まった名とされる。英語では“cypress mouse tree”とした。

Cypress Mouse Tree,
clinging to a rock by the sea
If I ask you of the one who saw you
—"Where's my love?" "How is she?"—
Would you tell me?

448番歌は鞆の浦三首の第三首。いなくなった妻のことを尋ねたらむろの木は答えてくれるだろうか、と詠う。物言わぬ植物が答えるはずもないことは、当然わかっているだろう。それでもこのような思いを抱かずにはいられないところに、悲しみは表出する。

答えるはずのないむろの木に尋ねるということは、他の何者に尋ねようとその答えが得られるはずがない、どうあっても死者の現況は知り得ない、ということの裏返しだろう。

注

1 野島の崎は淡路島の北部。現在も「野島」の地名が残る。

2 これらの歌に見られるように、柿本人麻呂は多くの新しい枕詞を作り出したことでも知られている。枕詞、掛詞、序詞などのレトリックに長けた詩人で、現在知られているような定型短歌の確立にも大きな影響を与えた。英訳でも枕詞をうまく表現するために "the faintly lit Akashi Straits" と工夫した。

3 「もののふの八十」という序詞を訳すか訳さないかによって、二通りの異なる英訳が可能である。現代日本語訳ではこれを訳さないケースが多いのだが、私が思うに、これはこの歌において省くことのできない重要な要素だ。ここでは「もののふの八十」を入れた英訳を紹介した。

4 "human vessel" という訳には二つのポイントがある。まず vessel は jar と同じようにうつわの類を意味する。また "human vessel" は "human condition" と同じ意味を持つ。それは日本語では「人間の条件」とも訳される。魂をも含む人間像を示す哲学的なことばだ。

瓜食めば子ども思ほゆ

額田王、近江天皇を偲ひて作る歌一首

君待つと 我が恋ひ居《を》れば 我がやどの
簾《すだれ》動かし 秋の風吹く

巻4・488

現代語訳

額田王が、近江天皇（天智天皇）をお慕いして作った歌一首
あなたのおいでを待って恋しく思っていると、折しもわが家の簾を動かして秋の風が吹く。

額田王
ぬかたのおおきみ

天武天皇の后。生没年不詳。『万葉集』には長歌三首、短歌十首を収める。

君待つと　我が恋ひ居れば

I waited for you,
my heart filled with longing.
Then the bamboo blinds swayed,
but it was only
the autumn wind blowing.

「待つ恋」の歌。漢詩では「閨怨《けいえん》」（夫と離れている女性の怨み）と呼ばれるジャンルがあり、それらに学んだものかとも言われる。そうした趣向からするとやや時代の下るもののようにも思われ、奈良朝の人々が額田王に仮託して作った歌という説もある。

相手の訪れを待っていると物音が聞こえ、一瞬期待を膨らませるも、風の音だったと気づく。そうした心の揺れを読み取ることができる歌である。

柿本朝臣人麻呂が歌四首

み熊野の 浦の浜木綿《はまゆふ》 百重《ももへ》なす
心は思《おも》へど 直《ただ》に逢はぬかも

巻4・496

現代語訳

柿本人麻呂の歌四首

熊野の浦の浜木綿が幾重にも重なっているように、心には幾重にも重ねて思うけれど、直接には会えないことよ。

柿本人麻呂

かきのもとのひとまろ――前出。

古《いにしへ》にありけむ人も我《あ》がごとか
妹に恋ひつつ寝《い》ねかてずけむ

巻4・497

現代語訳
遠い昔に生きていた人々も、今の私のように、妻に恋い焦がれて眠れなかったのだろうか。

柿本人麻呂――前出。

On the Bay of Sacred Kumano
the crinum lilies
are hundreds deep
the way my love is deep,
but we cannot meet.

４９６番歌は四首連作のうちの第一首。[1] 浜木綿（ヒガンバナ科の多年草）の様子を心の比喩に用いているが、「百重なす」が花のどの部分に着目した表現なのかについては、花が重なる様、葉が重なる様、葉鞘《ようしょう》が重なる様など諸説ある。どれとも確定し難いが、ともかくもその幾重にも重なる様を恋心の喩えとしている。別の歌にも「我が恋ふる千重《ちへ》の一《ひと》重《へ》も慰もる心もありやと」（巻２・２０７柿本人麻呂）といった表現があるように、相手を思う気持ちというものは何重にも重なり合って層をなす、と捉えられていたようだ。そのように重ねて思っているのに、直接逢うことは叶わず、思いはさらに積み重なっていく。「百重なす」と「直に」は対照的な表現だ。

I wonder if
the people of long ago
were like me,
who longing for their loves,
could not sleep?

497番歌は四首連作のうちの第二首。前歌をうけて、このように恋に苦しんでいるのは果たして自分だけなのか、遠い昔の人々も今の自分と同じように眠れぬ夜を過ごしたのか、と自問する。千三百年前の歌ではあるが、現代人がこの歌を読んでも、また同じように思うことができるだろう。恋の苦しみはいつの時代にもあるものだ。

ちなみに、この自問の歌の後には「今のみのわざにはあらず……」（今に限ったことではない……）という答えのような歌が続いている。

柿本朝臣人麻呂が歌三首

未通女《をとめ》らが 袖布留山《そでふるやま》の 瑞垣《みづがき》の
久しき時ゆ 思ひき我は

巻4・501

現代語訳

柿本人麻呂の歌三首

乙女が袖を振るという布留山の年を経た瑞垣のようにずっと久しい昔から思っていたのだ、私は。

柿本人麻呂

かきのもとのひとまろ──前出。

未通女らが　袖布留山の

Like the maiden waving her sleeves,
like the sacred shrine fence
on Waving Sleeve Mountain,
my heart's sleeve has waved
to you since ages past.

この歌の主旨は「久しき時ゆ思ひき我は」に尽きる。現代風にいえば「ずっと前からあなたが好きだった」というだけの歌だ。[2] しかし、冒頭三句を単に「久しき」を導き出す序と捉えるだけでは、この歌の表現性を理解することができない。布留山は奈良県天理市にあり、石上《いそのかみ》神宮のある山。この瑞垣は神域を区切る垣を指すが、乙女（未通女）と瑞垣がもつ清らかなイメージによって、「我」が長い間思い続けたというその恋心も、よこしまなところのない清純なものであるという印象が与えられるのだ。序が単に序としての役目を果たすだけに留まらず、歌全体のイメージ形成に深くかかわる例が、柿本人麻呂の歌には多い。前掲の496番歌も、その一つだ。

大宰帥大伴卿、大弐《だいに》丹比県守卿《たぢひのあがたもりのまへつきみ》の民部卿《みんぶきやう》に遷任するに贈る歌一首

君がため 醸《か》みし待ち酒 安《やす》の野に
ひとりや飲まむ 友なしにして

巻4・555

現代語訳

大宰帥大伴卿が大弐丹比県守の民部卿転任に際して贈った歌一首

君のために造った待ち酒を、安の野で一人飲むことになるのだろうか。友もいなくて。

大伴旅人

おおとものたびと ―― 前出。

君がため　醸みし待ち酒

I made sake for you
but will drink it alone
on the lonely Plain of Yasu,
because, dear friend,
you are no longer here.

丹比県守が都へ帰るにあたり、大伴旅人が贈った惜別の歌。醸造していた酒が出来上がる前に、帰京することになったのだろう。待ち酒[3]とは来客を接待するための酒のこと。あなたのために造った酒なのに自分一人で飲むことになる、と言うことで寂しさを表明している。邸ではなく、安の野で飲む、というところにも意味があろう。一緒に馬で駆けたのか、宴をしたのか。詳しいことはわからないが、何らかの思い出の地と考えられる。

「ひとりや飲まむ友なしにして」は、英訳にあたって相手に呼びかけるように意訳した。この方が、英語の詩としてはより印象が強くなる。

（笠女郎、大伴宿禰家持《おほとものすくねやかもち》に贈る歌二十四首）

相思はぬ人を思ふは大寺の
餓鬼の後《しりへ》に額《ぬか》つくごとし

巻4・608

現代語訳

（笠女郎が、大伴家持に贈る歌二十四首）
私を思ってくれない人を思うのは、大寺の餓鬼に、それも後ろから額づいて拝むようなものです。

笠女郎

かさのいらつめ

奈良時代の歌人。生没年不詳。大伴家持への恋歌で知られる。

相思はぬ　人を思ふは

Loving someone
who won't return my love
is like worshipping the back
of a trampled devil
in a great temple.

相手に片思いすることの空しさを詠う。[4] 仏ではなく餓鬼に対して、しかも後ろから額ずいて祈るのは、この上なく無意味なことだ。自分の片思いもまた、それと同じ空しさをもっている、と言うのである。「餓鬼」は餓鬼道に落ちた亡者のことで、漢語（仏教語）であり、歌に詠み込むのは例外的（滑稽さを狙った歌などに限られる）。寺にその像があったのだろう。ただ、餓鬼像はほとんど見られないので、天部像の足下で踏まれている邪鬼を指すか、とも言われている。外国人にとっては、なぜ寺に餓鬼の像があるのかわかりにくいので、せめて理解しやすくなるように“a trampled devil”と訳した。この歌は面白おかしく、笠女郎の情が伝わってくる歌である。

大伴宿禰家持が和《こた》ふる歌一首

百歳《ももとせ》に 老《お》い舌出《したい》でて よよむとも
我《あれ》は厭《いと》はじ 恋は増すとも

巻4・764

現代語訳

大伴家持が（紀女郎《きのいらつめ》に）こたえる歌一首

あなたが百歳の老女になって、老い舌が出て腰が曲がろうとも、私は決して嫌がったりしないでしょう。恋しさが増すことはあっても。

大伴家持

おおとものやかもち

——奈良時代の歌人。七一八年頃〜七八五年。父は大伴旅人。長歌短歌などあわせて四百七十三首が『万葉集』に収録されている。

百歳に　老い舌出でて

Even if you reach one hundred,
your tongue dangles from your mouth,
and your back bends with age,
I may love you more and more,
but my love could never fade.

大伴家持が紀女郎に贈った歌。彼女は家持よりもかなり年上の女性だったらしい。

掲出歌はその年上の女性に対し、年齢差など気にしないで、と呼びかける歌。あなたがどれほどよぼよぼのお婆さんになっても嫌いになんてならない、むしろもっと好きになることはあるけどね、と詠う。「老い舌出でてよよむ」という具体的な表現はむしろ失礼にあたる気もするが、これは一種の戯れであり、すでにある程度親しい関係だったからこそ言えたものだろう。このような表現は他に例がなく、その意味でも面白い歌である。

大伴家持には幻想的な美しい世界を詠う歌も多いが、この特異な恋歌からは老いというもののリアリティを感じることができる。[5]

大宰帥大伴卿、凶問に報《こた》ふる歌一首

世間《よのなか》は 空《むな》しきものと 知る時し
いよよますます 悲しかりけり

巻5・793

現代語訳

大宰帥大伴卿が、訃報に応える歌一首

この世の中は空しいものだと思い知った今この時、いよいよましてく思われることだ。

大伴旅人

おおとものたびと──前出。

世間は 空しきものと

The moment I am struck
by the emptiness
of this world of ours,
I feel more acutely
the weight of my sorrow.

この歌が詠われた時、旅人は妻、弟と立て続けに親しい人に先立たれたところだった[6]。

この歌の冒頭の「世間は空し」という表現は、仏教語「世間空《せけんくう》」や「世間虚仮《せけんこけ》」（この世は常に変わっていく、仮のものだという考え）の発想を背景にもつ。とはいえ、旅人がそうした仏教的な悟りを得たというわけではなく、知識として知っていた現世の空しさというものを、妻や弟の死を通じていま真に実感したのであろう。だからこそ「いよいよますます悲し」みが募るのであり、必ずしも仏教的な空の思想に同調しているのではない。空しさを実感して達観するのではなく、むしろどうしようもなく悲しみを募らせているのだ。

（日本挽歌一首）

悔《くや》しかもかく知らませばあをによし
国内《くぬち》ことごと見せましものを
巻5・797

現代語訳

（日本挽歌一首）

後悔ばかりだ。こうなると知っていたら、（あをによし）国中のすべてを見せてやったのに。

山上憶良

やまのうえのおくら——前出。

悔しかも　かく知らませば

My heart is filled with regret—
If I had known her fate
I should at least
have shown her
all around our lovely land.

長歌一首、反歌五首からなる山上憶良の「日本挽歌」は、妻を亡くした大伴旅人になりきってその悲しみを詠《うた》う作品。掲出歌はその第三反歌。愛する人が亡くなった後で「こんなことなら、生前にもっとこうしておけばよかった」と思う、悲しい後悔を詠う。この歌を通して、古の人も、現代の私たちと同じように故人を偲んでいたことが垣間見える。旅人の妻の死については巻3・446、448、および巻5・793の解説に述べた。

なお、題詞の前には同じく憶良が旅人の立場で妻を哀悼する漢詩文があり、「日本挽歌」という題詞はそれに対するもの。中国と日本の文学形式を対置して、十全にその悲しみを表現している。

子等《こら》を思ふ歌一首〈并せて序〉

瓜《うり》食《は》めば　子ども思ほゆ　栗《くり》食《は》めば　ましてしのはゆ　いづくより　来《きた》りしものそ　まなかひに　もとなかかりて　安眠《やすい》しなさぬ　巻5・802

現代語訳

子供たちを思う歌一首〈あわせて序〉

瓜を食べると子供らのことが思い出される。栗を食べるとますます偲ばれる。いったいどこからやって来たのか、面影が眼の前にやたらとちらついて、安眠させてくれない。

山上憶良

やまのうえのおくら

——前出。

反歌

銀《しろかね》も金《くがね》も玉もなにせむに
優《まさ》れる宝子に及《し》かめやも

巻5・803

現代語訳

反歌
銀も金も珠玉も、どうして何より優れた宝である子に及ぶことがあろうか。

山上憶良——前出。

When I eat the melon that my children love, I think of them; When I eat chestnuts, I recall them even more fondly. Where could they have sprung from, always appearing before my eyes and depriving me of easy sleep?

山上憶良には特徴的な家族愛の歌があることは既に述べた。長歌と反歌からなるこの作品もそのひとつであり、おそらく最もよく知られた憶良の歌と言ってよいだろう。歌の前には漢文の序があり、そこでは仏典を引用しながら「釈迦でさえ子供への愛に執着した。まして凡人たるもの、誰が子を愛さずにいられようか」と説いている。まずは802番の長歌。ここでの「瓜」はマクワウリとされる。子供が好む果実である。また「栗」は当時貴重で、米よりも高かった。どちらも、子供に食べさせてやりたいと思うのだろう。[7] そして、眠るときにも子供の面影が目の前にちらつく。どんな時でも子供への愛情が抑えがたいというわけだ。

瓜食めば／銀も

Fabulous treasures
—Silver, gold, pearls—
Why can't you compare
with the treasure
that is a child?

803番は前の歌に引き続き、「子等を思ふ歌」の反歌。銀、金、玉（ここでは真珠と捉えた）はそれぞれ仏典に言う「七宝」の一つ。それらを引き合いに出しながら、子にまさる宝はない、と詠っている。単に子供への愛を詠っているのではなく、仏典に説かれていることも承知した上で、それでも抑えがたい愛情を詠うものと理解できよう。仏教では愛への執着は煩悩のひとつとされるが、釈迦であっても子への愛にとらわれていたのだ、と憶良は序で述べていた。それはあくまで憶良なりの仏典理解だが、だからこそ仏教の教理と現実の人情とに対する憶良の向き合い方がよく現れていると言えるだろう。この歌もそうした姿勢で詠われているのである。

〈梅花の歌三十二首〈并せて序〉〉

我が園《その》に 梅の花散る ひさかたの
天《あめ》より雪の 流れ来るかも

巻5・822

現代語訳

〈梅花の歌三十二首〈あわせて序〉〉

わが家の庭園に梅の花が散る。（ひさかたの）天から雪が流れて来るのだろうか。

大伴旅人

おおとものたびと——前出。

我が園に　梅の花散る

Plum-blossoms are scattering
on my garden floor.
Could these be snowflakes
whirling down
from the heavens?

序文が「令和」の出典ともされた「梅花の歌三十二首」の中の一首。この宴が行われたのは正月十三日で、梅が散るにはやや早い。実際にはまだ散っていない中で、散る様を想像しているのだろう。想像の中で、降りしきる雪と見紛うばかりに梅花が舞う世界を作り出している。この歌では、梅が雪に見立てられているが、「見立て」は日本文化の重要な概念の一つで、あらゆるジャンルに影響をおよぼしている。見立てとはあるものを別のあるものに置き換える、あるいは一体化させて捉える発想である。今回の梅の花と雪の場合は前者であり、漢詩にも好まれた雪と梅の比喩を、清らかに歌い上げている。この見立ては欧米にはないものだから、とても新鮮に映る。

（男子《をのこ》の名を古日《ふるひ》といふに恋ふる歌三首〈長一首短二首〉）

若ければ 道行《みちゆ》き知らじ 賂《まひ》はせむ したへの使ひ 負《お》ひて通らせ

巻5・905

現代語訳

（男の子で、名を「古日」という子を恋う歌三首〈長歌一首、短歌二首〉）

まだ幼いので道もわかるまい。贈り物はしよう。だから冥府《めいふ》の使いよ、どうかあの子を背負って行ってやってくれ。

山上憶良　やまのうえのおくら――前出。

若ければ 道行き知らじ

Servant of the Underworld,
as he died too young to find his way,
I will give you a gift,
so carry him on your back
and guide him there.

息子を喪った親の立場で悲しみを詠った、長歌一首短歌二首からなる作品の第一反歌。「古日」という子は、おそらく知人の子[8]。

死者が自らどこかへ去る発想は『万葉集』に散見するが、それを誰かに導かれて行くように詠う点にこの歌の特徴がある。その背景に幼子への心配と気遣いがあるのはもちろんだが、仏教的発想の存在も重要だろう。「したへの使ひ」は冥府の使者、つまり閻魔王の使いと考えられるからだ。第二反歌では、布施を捧げて浄土への転生を祈っている。つまり仏教的他界観に則《のっと》って、我が子の救済を願うのである。もちろんそれはこの子の親の心情を代弁した願いだが、ひょっとしたら憶良も同じような経験があるのかもしれない。

注

1 「み熊野」の「み」は美称の接頭辞。『万葉集』の歌で同じ美称が用いられる地名は、他に「み越路」と「み吉野」しかない。「み越路」は正確には道の名なので、純粋な地名としては熊野と吉野だけになる。そのどちらも古来聖なる土地とされるが、「み」はその意識の反映だろう。英語ではそのことを重視して、"Sacred Kumano"と訳した。

2 原文は上三句までが序にあたり、詠われている「思ひ」に清らかなイメージを与えている。この序の効果を伝えるために、一行目、二行目に"like"を補って訳した。

3 「待ち酒」は英訳には直接反映していないが、とても心温まる表現だ。もし自分でお酒を造るときがあったらこの名前をつけてみたい。

4 笠女郎は『万葉集』に二十九首の歌があるが、その全てが大伴家持に贈った歌。この歌を含む二十四首の歌群はその中心をなす。この二十四首は一度に作られた歌ではなく、数年にわたって贈られた歌をまとめたものと見られる。それにしても一人の歌人の歌が二十四首も連続して掲載されるというのは、『万葉集』中で他に例を見ない。その一方で家持が彼女に答えた歌はわずかに二首を数えるのみ。そのため二人の関係は笠女郎の一方的な恋だったと言われることもある。

5 この歌を読むと、アイルランド古詩「ベーレの老婆」に登場する老女を思い出す。彼女は老いによる体の衰えを嘆くのだ。『万葉集』にも他に山上憶良がそういった歌を残しているが、古典の世界における「老い」というテーマの普遍性を感じる。

6 歌の前には書簡文と捉えられる漢文があり、そこでは不幸が重なって悲しみに沈んでいる、と述べられている。また、歌の後には「神亀五年六月二十三日」と日付が記され、これは旅人が妻を亡くしてから二ヶ月ほど後と考えられる。題詞にある「凶問」すなわち訃報は、弟の大伴宿奈麻呂《すくなまろ》の死を伝えるものであったと推定されている。

7 原文を直訳すると、「瓜」や「栗」を食べるときにどうして子供のことが思い出されるのかが伝わりにくくなる。そのため、「瓜」のほうに「子供たちの好きな」という表現を補って訳した。

8 このとき憶良は既に高齢であり、幼子がいたとは考えがたい。

月の舟星の林

〈神亀《じんき》元年甲子《かふし》の冬十月五日に、紀伊国《きのくに》に幸《いでま》す時に、山部宿禰赤人が作る歌一首〈并せて短歌〉〉

若の浦に 潮満ち来れば 潟《かた》をなみ
葦辺《あしへ》をさして 鶴《たづ》鳴き渡る

巻6・919

現代語訳

〈神亀元年の十月五日、〈聖武天皇の〉紀伊行幸時に山部赤人が作った歌一首〈あわせて短歌〉〉
若の浦に潮が満ちてくると干潟がなくなるので、葦辺を目指して鶴たちが鳴き渡って行く。

山部赤人

やまべのあかひと——前出。

On the Waka Bay
as the tide flows in
the tidal flats disappear,
and a flock of cranes fly crying
towards reeds on the shore.

　長歌一首短歌二首からなる歌群の第二反歌。この歌は赤人の歌の中でも富士山歌の反歌（巻3・318）に次いで有名だろう。『和漢朗詠集』（巻下・鶴）にも選ばれており、そこでは第二句が「潮満ち来らし」となっている。その形だと鶴が葦辺に向かって行くのを見て「潮が満ちて来たらしい」と考える、という理知的な判断に歌全体が統括される。

　一方『万葉集』の形では「潮満ち来」たことは前提としてあり、「鶴鳴き渡る」という目前の景色に焦点が当たっている。より絵画的な表現と言えるだろう。先掲の富士山歌もそうだったが、赤人の歌はこのように一読して風景が目に浮かぶ、絵画のような叙景歌に特徴がある。

山上臣憶良、沈痾《ちんあ》の時の歌一首

士《をのこ》やも 空《むな》しくあるべき 万代《よろづよ》に
語り継ぐべき 名は立てずして

巻6・978

現代語訳

山上憶良の、病気が重くなった時の歌一首
男子たるものが空しく終わってよいものか。永く後世に語り継ぐに足る名を立てることもなく。

山上憶良

やまのうえのおくら ― 前出。

士やも　空しくあるべき

Who thinks that it's all right
for men to lead empty lives
without fame
for future generations
to talk on and on about?

病床の憶良に藤原八束《ふじわらのやつか》が見舞いの使者を送った。憶良は見舞いに返答した後、涙を拭ってこの歌を口ずさんだという。この歌は憶良の辞世歌となった。

「立名（名を立てる）」は中国の士《し》大夫《たいふ》思想《しそう》に基づく観念だ。古来「名を立てる」ことは男子の本懐とされた。憶良は家柄が良くなく、最後まで中級官吏の域を出なかった。病に臥して死を自覚した時、複雑な思いがあっただろう。と同時に、この歌は若き八束への激励でもあったと言われる。憶良と師弟関係にあった八束はやがて正三位まで昇り、憶良の「立名」の思いを果たしたのだった。そして憶良の名は、その歌業によって現代まで「語り継」がれることとなった。

大伴宿禰家持が初月《みかづき》の歌一首

振り放《さ》けて　若月《みかづき》見れば　一目見し
人の眉引《まよび》き　思ほゆるかも

巻6・994

現代語訳

大伴家持の初月の歌一首

振り仰いで三日月を見ると、ただ一目見たあの人の眉が思い出される。

大伴家持

おおとものやかもち——前出。

振り放けて　若月見れば

Looking up
at the new crescent moon,
I recall that lady's
narrow painted eyebrow
that I glimpsed but once.

『万葉集』に最も多くの歌を載せる歌人、大伴家持の最初期の歌。当時、家持は十六歳。

月と眉との見立ては漢詩文に先例がある。三日月のようにほっそりとした眉は、美しい女性の象徴だった。また、この歌の直前には家持にとって叔母にあたる坂上郎女《さかのうえのいらつめ》の歌があり、そこにも「ただ三日月の眉根《まよね》掻き」という表現がある。掲出歌の表現は郎女の歌に導かれたものだろう。ただ、郎女の歌の「三日月」が単に「眉」を引き出す枕詞のような存在に留まっているのに対し、家持の歌は天空の細い三日月から、わずかに見た美しい眉の記憶を呼び起こす。後年の家持歌に見られる美に対する憧れのような態度が、既に片鱗をみせている。

天を詠む

天《あめ》の海に 雲の波立ち 月の舟
星の林に 漕ぎ隠る見ゆ

巻7・1068

現代語訳　天を詠む
天の海に雲の波が立って月の舟が星の林に漕ぎ隠れていくのが見える。

柿本人麻呂歌集
柿本人麻呂の撰によるとされる歌集で『万葉集』の編纂時に参照された資料のひとつ。人麻呂以外の作も集められている。

天の海に 雲の波立ち

Cloud waves rise
in the sea of heaven.
The moon is a boat
that rows till it hides
in a wood of stars.

この歌のイメージは読者に衝撃を与え、輝くように新鮮な、幻想とよろこびの世界を描き出す。一つ目は海に見立てられた夜空。二つ目は、波のように昇る雲のイメージ。三つ目は月を舟に見立てる隠喩だ。しかしこの歌は、最後に舟を星の林に向かって漕ぎ入れさせることで、空の海のイメージを壊す。海の真ん中に林があるだろうか？　どうやって舟（月）が林（星）の中に隠れるだろう？　どちらも不可能だが、自由自在に矛盾するイメージを示すことで、子供のような、美しいものの見方をさらに豊かにしている。現実にはありえない二つのイメージを共存させ、論理をこえた真実を表している。

（羈旅にして作る）

夕なぎに　あさりする鶴《たづ》　潮満《み》てば
沖波高み　己《おの》がつま呼ぶ

巻7・1165

現代語訳　（旅中の作）

夕凪の時に餌を求める鶴は潮が満ちてくると沖の波が高くなるので自分の妻を呼び寄せている。

作者未詳

夕なぎに あさりする鶴

In the calm evening sea
the crane searching for food
cries out to his wife
when the waves rise
and the tide comes in.

山部赤人の紀伊行幸歌（巻6・919）と似た景を詠うが、その捉え方が異なる。赤人歌の場合は絵画的に光景を描写することに重点が置かれていたが、こちらの歌では妻を呼ぶ、という一種の擬人的な表現に眼目がある。この歌は「羈旅にして作る」とあるように、旅の途中で詠んだ歌。離れて家で待つ自分の妻を、鶴たちを見ることで思うのである。

「己がつま」という表現からは詠い手自身の妻も想起されるが、英語ではそこまで連想することが難しいので日本語の情緒が伝えにくい。原文では「潮が満ちて、波が高くなる」という順序だが、英語では順序を逆にした方が自然であるため、“when the waves rise and the tide comes in”と訳した。

巻向《まきむく》の 山辺《やまへ》とよみて 行く水の
水沫《みなあわ》のごとし 世の人吾等《われ》は

巻7・1269

現代語訳 巻向の山辺を鳴り響かせて流れ行く水、その水に浮かぶ泡のようなものだ。現世の我々は。

柿本人麻呂歌集 ――前出。

巻向の　山辺とよみて

Our lives are as fleeting
as the bubbles
of the roaring waters
flowing through
Mount Makimuku.

二首一組の歌の二首目。一首目では亡妻に再び会えないことを詠う。その歌でも巻向山が詠われており、妻と縁のある土地だったのだろう。掲出歌はいわゆる無常観を詠う歌だが、単なる個人的な思いではなく、一般的な人生観へと昇華している。「われ」を原文で「吾等」と書くのは人麻呂歌集に見られる独特な表記。「われ」という語に「われわれ」の意味を込めて、共感をよびこむ手法だったと言われる。

「とよみて行く水」を"roaring waters flowing"としたことで、ただ流れが激しいより、リアリティを感じさせる。また、人生を泡に喩える発想は非常に東洋的だ。

朝霜の　消易《けやす》き命　誰《た》がために
千歳もがもと　我が思はなくに

巻7・1375

現代語訳

朝霜のように消えやすいこの命を、あなた以外の誰のために千年も消さずにありたいと思うでしょうか。

作者未詳

朝霜の　消易き命

Though our lives are fleeting
as the morning frost,
for whom else but you
would I wish to live
for a thousand years?

朝霜ははかなく消えるものの喩えで、上代では全て枕詞として使われている。命というものはどんなふうに消えるだろう。火のように一瞬で消えるのか、霜のようにいつのまにか消えるのか。この歌は後者のイメージで作られている。そんな消えやすい命だとわかっているのに、それでも私は千年も生きたいと願ってしまう。それは他の誰でもない、あなたのせいなのですよ、という女の歌。つまり相手の男がなかなか会いに来ないのである。「○○するまでは死ねない」という言い回しは現代でも時々聞くが、この歌はそれに近い。「あなたに会うまでは死ねない」のである。

或る本の歌に曰く

玉梓《たまづさ》の 妹は花かも あしひきの

この山陰に 撒けば失せぬる

巻7・1416

ある本の歌にいう

現代語訳

（玉梓の）妻ははかない花なのだろうか。（あしひきの）この山陰に撒いたら、消え失せてしまった。

作者未詳

玉梓の　妹は花かも

On the shaded mountainside
when I scattered
my beloved,
she disappeared so quickly.
Was she but a blossom?

この歌では、当時比較的新しい葬法だった火葬を詠っている。土葬の場合は柩に納める瞬間まで故人の姿が見えているが、火葬の場合はその姿が失われるところをまざまざと見ることになる。この歌のように、火葬の後に散骨を行えばなおのことそうである。挽歌の中で、死者の存在そのものが消え失せる（移動するのではなく）表現や、「なき人」といった表現は、火葬の普及した時期以前には見られない。葬法は死生観にも影響を及ぼし、歌の表現も変えたのである。元の歌では、「妻」を「撒いた」とだけ歌うことで妻の遺灰を撒いたことを伝えていた。そこで翻訳も原文に合わせて“I scattered my beloved”とした。

志貴皇子の懽《よろこ》びの御歌一首

石走《いはばし》る 垂水《たるみ》の上の さわらびの
萌え出づる春に なりにけるかも

巻8・1418

現代語訳

志貴皇子の懽びのお歌一首
岩にあたって飛沫《しぶき》をあげる滝、そのほとりのさわらびが、芽を出す春になったことだ。

志貴皇子

しきのみこ ―― 前出。

石走る　垂水の上の

Above the waterfall
that pounds the rocks with spray,
the spring that puts forth
shoots of bracken fronds
has come!

屈指の名歌として一般にもよく知られている歌。題詞に「懽びの御歌」とあるように、春が到来したよろこびを詠う。

まず水しぶき、つぎに滝、そして萌え出たばかりのワラビへと、映画のカメラワークのように次々と視点を移しながら春の風景を描写する。ワラビの季節は旧暦三月〜四月頃（正倉院文書）であり、早春の景物としてはいささかそぐわない。だが、とりわけ早く芽吹いたそれを詠うことで、始まったばかりの春という季節への期待をにじませていると捉えることができよう。一首全体が途切れることなくリズミカルに詠われており、さわやかなよろこびを伝えている。

山部宿禰赤人が歌四首

春の野にすみれ摘みにと来《こ》し我そ
野をなつかしみ一夜《ひとよ》寝にける

巻8・1424

現代語訳

山部赤人の歌四首

春の野にすみれを摘もうと来た私は、その野に心ひかれてそこで一晩寝てしまった。

山部赤人

やまべのあかひと

前出。

I only went out
to pluck a violet
on the plain of spring
but enchanted by its beauty,
I spent the whole night there.

すみれ、山桜、梅、春菜という四つの植物を詠んだ連作の第一首。この歌が『万葉集』の中で初めてすみれを詠んだ歌になる。

「なつかし」は人（やその心、姿など）に対する感情として使われるのが一般的な語で、この「すみれ」は擬人的に捉えられているとも考えられる。結句の「一夜寝にける」もそうした方向で読むことができよう。つまり、すみれを女性に喩え、その魅力に惹かれて一夜を過ごしたように詠われているのである。翻訳の際はこの点も意識した。例えば、“to pluck a violet”で女性を連想させた。

（山上臣憶良、秋野の花を詠む歌二首）

萩の花 尾花《をばな》葛花《くずはな》なでしこが花
をみなへし また藤袴 朝顔が花

巻8・1538

現代語訳

（山上憶良が、秋野の花を詠んだ歌二首）
萩の花、尾花葛花、なでしこの花、おみなえし、それから藤袴、朝顔の花。

山上憶良
やまのうえのおくら
――前出。

萩の花 尾花葛花

Yellow flowered valerian
maiden grass
bush clover blossoms
Asian arrowroot
nadeshiko pinks,
then boneset blooms,
and morning glories.

秋の七草を詠う歌。最後の「朝顔」は『新撰字鏡』(現存最古の漢和辞典)に「桔梗阿佐加保《あさかほ》」とあり、桔梗のことと考えられる。するとこの七種は今の秋の七草と同じ。[1] 英訳では原文に対応する“morning glories”という美しい表現を選んだ。この歌は二首連作の第二首。一首目では指を折って七草を数える、と詠われる。子供に七草を教えているのだろう。第五句の「また」に注意したい。指を折りながら一つ一つ数え、五本の指を折ったところで「また」と折り返し、残る二つを数えるのだ。名詞を並べただけの単純な歌だが、子供と一緒に七草を数える様子をありありと伝えている。なおこの歌は五七七五七七の旋《せ》頭歌《どうか》と呼ばれる歌体。

藤皇后、天皇に奉る御歌一首

我が背子《せこ》と二人見ませばいくばくか

この降る雪の嬉しからまし

巻8・1658

現代語訳

光明皇后が、天皇（聖武天皇）に奉ったお歌一首

我が夫の君と二人で見るのでしたら、どんなにかこの今降っている雪が嬉しかったことでしょう。

光明皇后

こうみょうこうごう

第四十五代聖武天皇の皇后。七〇一〜七六〇年。藤原不比等の娘で、第四十六代孝謙天皇の母。仏教の信仰が厚く、能書家としても知られた。

我が背子と　二人見ませば

My Dear,
If only I could see
this falling snow
with you,
how happy I would be!

美しく降った雪を見て、夫である聖武天皇に贈った歌。雪が降り積もったこの日、天皇は離れたところにいたのだろう。美しい景色を見ることはそれ自体嬉しいものだが、それを分かち合うことのできる人が側にいれば、喜びはより一層増す。この歌からはそんな思いが読み取れる。数年前に都心で珍しく大雪が降った時、ニュース番組でインタビューを受けたカップルが「恋人といる時の雪は特別な気分に浸れる」と答えていた。この歌はその感覚に近い。現代にも通じる率直な心情が詠われている。"I love you"を「月が綺麗だ」と訳す話は有名だが、雪も月も愛する人と見ればより一層美しい。愛を間接的に表現するのは極めて日本的だ。

紀少鹿女郎が歌一首

ひさかたの 月夜《つくよ》を清み 梅の花
心開《ひら》けて 我が思へる君

巻8・1661

現代語訳

紀少鹿女郎の歌一首

（ひさかたの）月が清らかに照るので梅の花が開くように、私の心も晴れ晴れと開けてお慕いしているあなたですよ。

紀少鹿女郎 きのおしかのいらつめ

——奈良時代の歌人。生没年不詳。安貴王の妻。大伴家持と交わした歌でも知られる。

ひさかたの　月夜を清み

The plum blossoms
open their hearts
in the pristine light
of the moon—
just as I open mine for you.

作者の紀少鹿女郎は、紀女郎のこと（巻4・764参照）。梅は月の光によって開花するわけでは、もちろんない。しかし、「清み」という上代に特徴的なこの語法（ミ語法と呼ばれる）は、後続の表現に対する理由を表すものと捉えられる。月下に咲く梅の花を見て、月の澄み渡る光に照らされたことで花が開いた、という美しくも幻想的な光景を詠っているのである。

さらにこの歌は梅の「開く」を心の「開く」の喩えとする。月の夜に梅がひそやかに開くように、自分の心もひっそりと、しかし晴れ晴れと開いて、素直に相手を恋い慕う気持ちを募らせている、というのだ。ここでは景と情とが分け目なく融合している。

（天平《てんぴやう》五年癸酉《きいう》、遣唐使の船難波《なには》を発《た》ちて海に入《い》る時に、親母《おや》の子に贈る歌一首〈并せて短歌〉）

旅人《たびびと》の　宿りせむ野に　霜降らば
我が子羽《は》ぐくめ　天《あめ》の鶴群《たづむら》

巻9・1791

現代語訳

（天平五年、遣唐使の船が難波を出発して海に漕ぎ出した時に、ある母親が子に贈った歌一首〈あわせて短歌〉）
旅人が宿りをするであろう野に霜が降ったら、我が子を羽で包んでやっておくれ。空を飛ぶ鶴の群れよ。

作者未詳

Dear Cranes, high in the sky,
should the frost fall
on the travelers' outdoor lodging,
envelop my beloved boy
in your warm wings.

全体は長歌と反歌各一首からなる。長歌ではひたすらに我が子の旅の安全を祈っており、掲出歌はその後に続く反歌。この時の遣唐使は天平五年（七三三）四月に難波津から出航した。そのことからすると、「宿りせむ野」は大陸に着いてからの冬の旅（陸路）を想定したものだろう。異国の地で寒さに震えないよう、もっと言えばそれで命を落とすことにならないよう、母親自ら温めてやることのできない我が子の無事を、鶴に託すのである。

野生の動物に自分の子供を温めてほしいという発想は斬新で美しい。古の日本人と自然との一体感が感じられる。実際にはそういうことは不可能だが、不可能なことまでも実現させたいという母の想いに勝るものはない。

ひさかたの天《あめ》の香具山《かぐやま》この夕《ゆふへ》
霞《かすみ》たなびく春立つらしも

巻10・1812

現代語訳

（ひさかたの）天の香具山に、今日この夕べ、霞がたなびいている。春になったらしいな。

柿本人麻呂歌集——前出。

ひさかたの　天の香具山

In the evening calm,
the mists are floating
on Mount Kaguyama
beloved of the gods—
Spring has come, it seems.

持統天皇の夏の歌（巻1・28）と同様に、景物を見て季節の到来を判断する歌。この歌の「春立つ」は暦法上の概念「立春《りっしゅん》」に関わるもの。「かすみ」[2]を春の象徴として詠む立春詠《りっしゅんえい》は平安時代以降にも多いが、この歌はその成立基盤を作ったと言える。

なお第四句「霞たなびく」の原文は「霞霏霺」。「霏霺」は漢語だが、通常は「霏微」と表記される。雨冠を付けた「霺」は極めて珍しい。またその意味も漢籍では雨や雪が細やかに降る様を表し、かすみ等に使う例は少ない。ここでは雨冠の字を三つ重ね、さらに雨や雪の描写に使われる漢語を「かすみ」に転用することで、しっとりとした春の湿度を表現したのかもしれない。

春されば　しだり柳の　とををにも
妹は心に　乗りにけるかも

巻10・1896

現代語訳

春になると枝垂《しだ》れ柳が葉の重みで撓《たわ》むように、あなたは私の心にずっしりと乗りかかってきたことだ。

柿本人麻呂歌集――前出。

春されば しだり柳の

When the spring comes
just as the branches of the wisteria
bend over with the weight of buds,
so I feel the weight of you
who has jumped upon my heart.

心というものが実体を持ったひとつの器官として身体の中にある、と考える人はあまりいないだろう。しかし『万葉集』に見られる特徴的な表現「心に乗る」は、心というものの捉え方が現代の我々とは多少異なることを示している。春になって葉の茂った柳の枝が、自身の重みでたわんでいる。そうした重みを感じるように、恋の相手が自分の心にのしかかる。現代風に言えば「あの子のことで頭がいっぱい」「あの子に心を奪われた」といったところだろう。しかしここではあたかも「心」という触覚をもった器官があり、それで相手の存在の重さ（存在感）を感覚しているように詠われている。

朝影に我《あ》が身はなりぬ玉かきる
ほのかに見えて去《い》にし児《こ》故《ゆゑ》に

巻11・2394

現代語訳

朝方の影のように、私の体はやつれてしまった。(玉かきる)ちらりと見えただけで去ってしまったあの娘のせいで。

柿本人麻呂歌集――前出。

朝影に　我が身はなりぬ

I have become weak

as a morning shadow

like a breeze blowing through a fence

because of the glimpse that I got

of that beautiful maiden

before she disappeared.

「朝影」は、朝の弱い光で生じる幽《かす》かな細い影。ちらりと姿を見せて去った相手を悶々と思い続け、その朝影のように消え入りそうなほど瘦せこけてしまった、と詠う。

この歌は表記に特徴がある。第三〜四句の原文は「玉垣入《たまかきる》　風所見《ほのかにみえて》」で、「（玉垣の隙間から吹き入る風のように）ほんのわずかに見た」という意味合いを付与している。いわば歌全体の主文脈（ことばの文脈）に異文脈（文字の文脈）が重なり、一首の表現が重層化しているのだ。歌が全て漢字表記される『万葉集』ならではの表現手法と言えよう。

歌が平仮名で書かれる平安時代以降は、これに代わり同音異義語の活用、つまり「掛詞」が高度に発達することになる。

恋ふること慰めかねて出《い》でて行《い》けば

山を川をも知らず来にけり

巻11・2414

現代語訳

恋しさを紛《まぎ》らしかねて家を出てきたので、道中に山や川があったことにも気付かずにここまで来てしまった。

柿本人麻呂歌集――前出。

恋ふること 慰めかねて

I left my home
distracted with a feeling
of blinding love,
came here without noticing
mountains or rivers.

恋しさのあまり道中の山川も目に入らず、気づいたらこんな所まで来てしまった、と詠う。この行動には二つの解釈がある。一つは恋の苦しみに耐えかね、あてどなくさまよっているという解釈。もう一つは会い難さに耐えかね、恋人のもとへ来てしまったという解釈。恋しさのあまり思わずとった行動としては、どちらもあり得よう。強いて言うなら、山や川は自分と相手とを隔てる障害として詠われることも多いので、後者の解釈がやや説得力をもつか。だが、あえてどちらかに定める必要もないように思う。たとえば読者も、自分が恋のどの段階にあるかによって読み方も変わってくるのではなかろうか。成就する前も成就した後も、恋に悩みはつきものだ。

相見《あひみ》ては 面隠《おもかく》さるる ものからに
継ぎて見まくの 欲しき君かも

巻11・2554

現代語訳

会うと顔を隠してしまう、それなのに、続けて会いたくなるあなたなのですよ。

作者未詳

相見ては　面隠さるる

When we meet,
I cover my face—
yet you are the one
I long to meet
more and more.

これは女性の立場の恋歌。いつも会いたいと思っているのに、いざ会うと恥ずかしくて自分の顔を隠してしまう。思い当たる節のある方もいるのではないだろうか。

この歌は「正述心緒《せいじゅつしんちょ》」の部に掲出される。「正述心緒」は「正《ただ》に心緒《おもひ》を述《の》ぶる」と訓み、比喩や象徴的な物に託さず、直接的に心情を述べる歌、という意味。それだけに、この歌のように現代の我々が共感しやすい歌も多い。

おそらく『万葉集』は素朴で素直な歌がほとんどだというイメージがあると思うが、実際にはこのような歌が大部分を占めるわけではない。しかし、こうした歌は英語にすると意外と素直で可愛らしい詩的な歌となる。

玉かつま　逢はむと言ふは　誰《たれ》なるか
逢へる時さへ　面隠《おもかく》しする

巻12・2916

現代語訳

（玉かつま）会おうと言ったのは誰ですか。会っている時でも顔を隠すとは。

作者未詳

玉かつま 逢はむと言ふは

Was it not you
who asked to meet?
Why then,
when we meet,
do you hide your face?

恥ずかしがって顔を隠す女性をからかう、男性の歌。恥じらう姿を愛おしく感じてのことだろう。この歌とその前に紹介した歌（巻11・2554）とは巻十一と巻十二とに分かれているが、どちらかがどちらかを踏まえたか、あるいは一組の贈答歌ではなかったか、という説もある。

「面隠す」という語がこの二首にしか見られない、というのがその理由の一つ。実際のところはわからないが、二首続けて読むと付き合い始めたばかりの若い二人の甘い会話にも見えてくる。読者の中にも、似たような会話をした経験のある人もいるのではないだろうか。この歌もやはり、「正述心緒」の歌である。

紫は 灰さすものそ 海石榴市《つばきち》の
八十《やそ》の衢《ちまた》に 逢へる児《こ》や誰《たれ》

巻12・3101

現代語訳

紫染めにはツバキの灰を加えるもの。ツバキといえば海石榴市の、道がいくつも交わる辻で出会ったあなたは誰？

作者未詳

紫は　灰さすものそ

Who are you, the one I met
at Camellia Market's crossroads?
Just as one needs the Camellia ashes
to make a good purple dye, I'm the ashes,
and you—the one I wish to wed.

男性から女性への求愛の歌。道の交わる「衢」は出会いの場であり、相手の名を問うことは求婚を意味した。

紫は高位高官の朝服にも使われる高貴な色。その色は紫草の根から抽出した色素で染められるが、色素を定着させる媒染剤として椿の灰汁《あく》も使われる。「紫は灰さすものそ」とはそのことを言い、同音の「海石榴市《つばきち》[3]」（奈良県桜井市にあった古代の市場）を引き出す序として機能している。同時に、紫が女性を、灰が男性を喩えているという説もある（中西進『万葉集全訳注原文付』）。高貴な紫（女）にも卑俗な灰（男）が必要だと言うことで、自分の求婚を受け入れるように促すのである。

注

1 “Asian arrowroot”の別名は“kudzu vines”。

2 和語の「かすみ」は現代と同じ意味だが、漢字の「霞」は本来、朝焼けや夕焼けに染まった空や雲を意味する字（現代中国語でも同じ）。ただし、和語の「かすみ」に意味が近い「煙霞」といった漢語もあり、「かすみ」に「霞」の字があてられたのはそうした影響かと考えられる。

3 通常は歌の中の地名を翻訳することはしないのだが、この市《いち》の名前には意味があるので、ここでは「つばき」を英語に訳している。

神の麓に

逢坂《あふさか》をうち出《い》でて見れば 近江《あふみ》の海
白木綿花《しらゆふばな》に 波立ち渡る

巻13・3238

現代語訳

逢坂をうち出て見ると、近江の海には白い木綿花のように波が一面に立ち渡っている。

作者未詳

逢坂を うち出でて見れば

Crossing Mount Osaka
the Sea of Oomi
spreads out before me
and the waves rising
like flowers of whitest cloth.

「白木綿」は楮《こうぞ》の繊維から作られる白い糸やその加工品を言う。「白木綿花」とは、その白木綿が斎串《いぐし》として榊の枝などに付けられた様を「花」と表現したもの。この歌では神聖な祭具であるそれを、琵琶湖一面を覆う白波に喩えているのである。冒頭の表現は、山部赤人の富士山歌「田子《たご》の浦ゆうち出でて見れば」（巻3・318）と同じく、移動することでぱっと視界が開《ひら》けた状況を表す。逢坂山の山中から見晴らしのよいところへ出ると、一面に白木綿花を敷いたような琵琶湖の水面が目に飛び込んできた……そんな一瞬の驚きと感動を、この歌は切り取っている。のちに日本文化において非常に重要な概念となる「見立て」の最初期の例である。

筑波嶺《つくはね》に 雪かも降らる いなをかも
かなしき児《こ》ろが 布《にの》干さるかも

巻14・3351

現代語訳

筑波嶺に雪が降ったのかな、いや違うかな、いとしいあの娘が布を晒しているのかな。

東歌 あずまうた――『万葉集』に収められた東国地方（東海道は遠江より東、東山道は信濃より東の国々）の歌。

筑波嶺に 雪かも降らる

Has the snow fallen
on Mount Tsukuba?
No, it's that
sweet young maiden
hanging out her fine cloths.

筑波山は茨城県にある山で、『万葉集』の時代から現代に至るまで多く歌に詠まれてきた。この歌は、その筑波山に雪が降り積もったように見えるほど、たくさんの白布が干されている光景を詠う。布を干すのは晒布の生産工程で、筑波山麓はその産地だったらしい。

巻十四は東歌と呼ばれる東国諸国の歌が集められており、その中には東歌にしか見られない東国方言も使われている。たとえば掲出歌では「降らる」「干さる」は中央語では「降れる」「干せる」であり、「かなしき児ろ」の「ろ」も親愛を表す東歌特有の接尾語。「かなし」を「愛《いと》しい」の意に用いるのも、『万葉集』中では東歌に特徴的な用法である。

多摩川に さらす手《て》作《づく》り さらさらに
なにそこの児の ここだかなしき

巻14・3373

現代語訳 多摩川でさらさらとさらす手織りの布のように、さらにさらに、なんでこの娘がこんなにも愛おしいのか。

東歌——前出。

多摩川に　さらす手作り

The pretty girl rinses cloth
in the Tama River
—more and more—
why does she seem
so sweet and cute?

今も「調布《ちょうふ》」という地名があるように、多摩川流域は調《ちょう》（物税）として納める布の産地だったらしい。この歌の上二句は「さらさらに」（更に増して）を引き出す序だが、同時に多摩川で布を晒す愛しき「児」の姿を表してもいる。

声に出して読むと、非常に軽快な調べがよくわかる。前半は「さら」と「さらさらに」の同音反復を基調としつつ、「多《た》摩川」と「手《て》作り」のタ行音がリズムを引き締める。そして、そのリズムを第四句から第五句にかけてのオ列音の連続（「そこの児のここ」）がしっかりと受け止める。この流れるような調べが一首全体に心地よい明るさを与えている。東歌中の傑作と言っていいだろう。[1]

信濃《しなぬ》なる　千曲《ちぐま》の川の　小石《さざれし》も
君し踏みてば　玉と拾《ひり》はむ

巻14・3400

現代語訳

信濃の国にある千曲川の小石も、あなたが踏んだ石なら貴重な玉だと思って拾いましょう。

東歌——前出。

信濃なる　千曲の川の

If it was you who stepped on
the tiniest pebbles
of the Chiguma River
in Shinano, I'd pick them up
and treasure them as jewels.

「玉」とは宝珠のことで、装飾や祭祀に使われる貴重なもの。この歌は川底の小石をその「玉」のように扱うと詠う。好きな人が触ればどんな些細なものでも特別なものに変わる。それは現代にも通じる感覚かもしれない。

ところで冒頭の「信濃なる」は、その土地の人の言葉としては違和感がある。かつて東歌は地方庶民の民謡的な歌ともされたが、現在は何らかの形で中央との関わりがあると考えられている。信濃の歌でありながらまるで外部者の視点があるように「信濃なる」と詠うこの歌にも、その一端は窺える。また東歌が中央貴族の歌体であるはずの短歌形式で統一されている点も、単純に「素朴な地方庶民の歌」とは考え難い理由の一つである。

君が行く 海辺の宿に 霧立たば
我が立ち嘆く 息と知りませ

巻15・3580

現代語訳 あなたが行く海辺の宿に霧が立ったら、私が立ち嘆く息だと思ってください。

作者未詳

君が行く　海辺の宿に

If your lodge by the sea
is covered in mist,
please know it's my breath
that covers you
with lamenting sighs.

掲出歌は、新羅へ派遣される男の妻が別れを惜しむ趣向の歌[2]。当時は船旅であっても夜は陸地に上がって宿をとるのが習いだった。「海辺の宿」とはそのことを言う。そこで霧を見たら、それを自分のため息だと思ってほしいというのである。霧を見て思い出してほしい、ではなく、霧は自分のため息そのものだと言うことに意味がある。つまり、海辺の宿に霧が立つ時、夫は今この瞬間に妻が自分を思って嘆いていることを知り、離れ離れの二人は繋がりを感じることができる。霧を心情の具現化と捉える発想は他にも例があり、霧に対する当時の考え方の一端がうかがえる。こうした別離の状況において、それはひとつの救いであったのかもしれない[3]。

（中臣朝臣宅守《なかとみのあそみやかもり》と狭野弟上娘子との贈答歌）

君が行く 道の長手《ながて》を 繰《く》り畳《たた》ね
焼き滅ぼさむ 天《あめ》の火もがも

巻15・3724

現代語訳 （中臣宅守と狭野弟上娘子とが贈答した歌）
あなたが行く長い道のりを手繰り寄せて折り畳み、それを焼き滅ぼしてくれるような天の火が欲しいものです。

狭野弟上娘子 さののおとがみのおとめ

——奈良時代の女官。生没年不詳。夫・中臣宅守と交わした歌が残る。「弟上」を「茅上《ちがみ》」とする説も。

君が行く　道の長手を

How I wish the long road
that you're about to take
could be folded up
and destroyed
by a fire from heaven.

中臣宅守と狭野弟上娘子との贈答歌群六十三首のうちの一首。この歌群は越前に流された中臣宅守と都に留《とど》まった娘子との悲別の歌を、物語的に排列している。ここに取り上げた一首は「別れに臨《のぞ》みて作る歌」。

「繰り畳ね」というのは、道を帯のように見なした表現[4]。もし道が帯なら、集めて燃やせば消えてなくなる。道が消えれば宅守は配流先へ行けなくなる。そんな状況を想定して、別れを惜しむのだ。

「天の火」という表現が独特だ。帯と見なして燃やすなら、自分で火をつけても良さそうなもの。しかしこの歌では、天が火をつけるかのように詠う。スケールの大きな歌だ。

穂積親王の御歌一首

家にありし櫃《ひつ》にかぎ刺し蔵《をさ》めてし
恋の奴《やつこ》がつかみかかりて

巻16・3816

現代語訳

穂積親王のお歌一首

家にあった櫃に鍵まで掛けてしまっておいた恋の奴めが、摑みかかってきて……。

穂積皇子

ほづみのみこ——前出。

家にありし　櫃にかぎ刺し

In a chest of my home

I locked you up

—nasty love!—

but you got out

and taunted me again....

巻十六には、物語的な「由縁」を持つ歌や、宴会で詠われた冗談めいた歌など、他の巻にない特徴的な歌が掲載されている[5]。

掲出歌は恋の苦しみがテーマだが、「あの恋とかいうヤツがまた摑みかかってきてさ、まったくたまらんよ」と冗談めかして詠う歌。左注によれば、穂積皇子は宴会でよくこの歌を口ずさみ、座興にしたという。要するに十八番《おはこ》だったのだろう。穂積皇子といえば既に触れたように、但馬皇女の密通相手（巻2・115、116）。この歌の「恋」が誰との恋を指すのかは不明だが、宴で皇子がこれを口ずさむ時、人々は皇子の女性関係を思い出して「またまたあなたは〜」と笑いに包まれたのかもしれない。

長忌寸意吉麻呂が歌八首

さし鍋に 湯沸かせ子ども 櫟津《いちひつ》の
檜《ひ》橋《ばし》より来《こ》む 狐《きつね》に浴《あ》むさむ

巻16・3824

現代語訳

長忌寸意吉麻呂の歌八首
さし鍋で湯を沸かせ、皆の者。櫟津の檜橋からコンと鳴いてやって来る狐に浴びせてやろう。

長忌寸意吉麻呂
ながのいみきおきまろ

――柿本人麻呂と同時代に活躍した歌人。生没年不詳。

さし鍋に　湯沸かせ子ども

Let us all boil a bottle of water
until the kettle shrieks,
then begird a fox and scald him
for he's barking up the wrong tree,
crossing Ichihitsu's bark-lined bridge.

この歌には注がついており、それによれば、ある夜大勢で宴会をしていると狐の声が聞こえた。すると人々は「饌具《せんぐ》（食事関連の道具）・雑器《ぞうき》（様々な容器）・狐声（狐の鳴き声）・河橋（川にかかる橋）に関連させて歌を作れ」と意吉麻呂に言った。意吉麻呂は、即座にこの歌を作ったという。さて、四つの物は歌のどこにあるだろうか。まず饌具は「さし鍋」、河橋は「檜橋」、この二つは簡単だ。雑器と狐声は難しい。まず「櫟津《いちひつ》」の中に「ひつ（櫃）」、これが雑器。そして「来む」、これが狐の「コン」という鳴き声だ。どちらも掛詞として隠されている。[6] 平安朝の「物名《もののな》」に通じる技巧的な遊びが、既にこの頃行われていたことがわかる。

境部王、数種の物を詠む歌一首

虎に乗り 古屋《ふるや》を越えて 青淵《あをぶち》に
蛟龍《みつち》捕り来《こ》む 剣大刀《つるぎたち》もが

巻16・3833

現代語訳　境部王が数種の物を詠んだ歌一首
虎に乗って古い家屋を飛び越えて、青い淵で蛟龍を捕まえて来られるような、そんな立派な刀剣があればいいのに。

境部王 さかいべのおおきみ —— 穂積皇子の息子。生没年不詳。

虎に乗り　古屋を越えて

Mounted on a tiger
leaping over a haunted house
to capture the scaly dragon
in the deep blue pool—
Oh, to have such a sword!

これも特定の物の名を詠み込む歌。題詞に言う「数種の物」は、「虎」「古屋」「青淵」「蛟龍」「剣大刀」の五つらしい[7]。どういう事情でこの五つを詠み込んだのか、詳細は不明。だがこの五つはいずれも恐ろしいもの、という点で共通する。虎や蛟龍は言うまでもないが、古屋も怪異が出そうな不吉な廃屋《はいおく》を指す。青淵も深々と青い水をたたえた淵のことで、時代は下るが『枕草子』にも「名おそろしきもの、青淵」と見える。この歌はそうしたおどろおどろしい世界観の中で、蛟龍退治がしたいというのである。なんだか最近の異世界ファンタジーに憧れる、現代人のつぶやきのようだ。昔の人もそうした冒険世界に憧れたりしたのだろうか。

戯《たはぶ》れに僧を嗤《わら》ふ歌一首

法師《ほふし》らが ひげの剃《そ》り杭《くひ》 馬繋ぎ
いたくな引きそ 法師は泣かむ

巻16・3846

現代語訳

ふざけて僧をからかう歌一首

坊さんのひげの剃り杭に馬を繋いで、手荒に引っ張るな。坊さんは泣くだろうからな。

作者未詳

法師らが　ひげの剃り杭

Don’t tie a horse
to the stubble posts
left after the monk’s poor shave;
don’t let the horses pull it,
or the monk will surely cry.

『万葉集』というと難しそうなイメージがあるかもしれないが、こういうふざけた歌もある。お坊さんは頭も剃るがひげも剃る。毎日ではなく数日おきに剃ったらしい。現代ほどつるつるに剃れるひげ剃りはなかっただろうから、剃り残しもあっただろう。それを、馬をつなぐ杭に見立ててからかっているのだ。

この歌には続きがある。からかわれた僧が「檀越《だんをち》や然《しか》もな言ひそ里長《さとをさ》が課役徴《くわやくはた》らば汝《いまし》も泣かむ」と返歌をしているのだ。簡単に訳すと「檀家さんよ、そんなこと言いなさるな。里長が課役を取り立てに来たら君だって泣くだろう」。「課役」は当時の税を指すが、僧侶は課税対象外だった。痛烈な返しと言える。

（越中国の歌四首）

弥彦《いやひこ》神の麓《ふもと》に今日らもか鹿の伏すらむ

裘《かはごろも》着て角《つの》つきながら

巻16・3884

現代語訳

（越中国の歌四首）

弥彦の神の麓に、今日も鹿が伏していることだろうか。皮の衣を着て、角をつけたままで。

作者未詳

Yet again today, the deer
has donned his beautiful coat,
adorned himself with fine antlers
to prostrate himself
at the foot of the god—
Mount Iyahiko!

『万葉集』には様々な歌体の歌がある。五七五七七の短歌、五七五七五七……と続いて七七で終わる長歌、五七七五七七の旋頭歌、そして五七五七七七の仏足石歌《ぶっそくせきか》などだ。掲出歌は『万葉集』で唯一の仏足石歌体の歌[8]。

第一句の「弥彦」は新潟県にある弥彦山。「いやひこ」で四音だが、詠う時には伸ばして発音されたのだろう。この歌ではその弥彦山を神と捉え、鹿をその神に奉仕する存在と捉えている[9]。鹿は神としての弥彦山に仕えるために、皮の衣や角で身なりを整えている、というわけだ。古代の人々が自然をどのようなまなざしで捉えていたのか、よくわかる歌だろう。仏足石歌は六句からなる歌なので、英訳も六行構成にした。

(史生《ししやう》尾張少《をはりのを》咋《くひ》を教へ喩《さと》す歌一首〈并せて短歌〉)

紅《くれなゐ》はうつろふものぞ　橡《つるはみ》の
なれにし衣《きぬ》に　なほ及《し》かめやも

巻18・4109

現代語訳

(史生尾張少咋を教え喩す歌一首〈あわせて短歌〉)

鮮やかな紅染めは色褪せやすいものだ。地味などんぐり染めの着馴れた衣に、やはり及ぶはずがない。

大伴家持 おおとものやかもち

——前出。

紅は　うつろふものそ

The scarlet dye is beautiful
but it will soon fade.
So how can it compare
to the lovely chestnut dye
you are used to wearing?

序文、長歌、反歌三首からなる作品の第三反歌。家持の部下である尾張少咋は赴任先で遊女に入れ込み、都に残した妻を蔑《ないがし》ろにしていたらしい。それを見かねた家持が歌で「教へ喩」したというわけだ。

掲出歌は遊女を「紅」に、都に残した妻を「橡」に喩えている。「橡」はどんぐり。これで染めた衣は地味な色だが、「紅」は色鮮やかで美しい。美しい遊女に魅了されるのもわかるが、若い美しさはいずれうつろうもの、たとえ地味に見えても慣れ親しんだ古女房《ふるにょうぼう》にまさるはずがない、と説くのである。人間味のある面白い歌だが、当時の染色に対する意識も窺えて興味深い。

天平勝宝《てんぴやうしようほう》二年三月一日の暮《ゆふへ》に、春苑桃李《しゆんゑんたうり》の花を眺矚《てうしよく》して作る二首

春の苑《その》紅《くれなゐ》にほふ桃の花
下照《したで》る道に出《い》で立つ娘子《をとめ》

巻19・4139

現代語訳

天平勝宝二年三月一日の夕方、春苑の桃李の花を眺めて作った歌二首

春の苑が紅色に照り映える。桃の花が下を照らすその道に、立ち出でて佇む乙女よ。

大伴家持　おおとものやかもち——前出。

春の苑 紅にほふ

A spring time garden
glows a scarlet red,
and on a path
lit up by peach blossoms,
a maiden stands.

巻十九巻頭歌。桃と李《すもも》の花を詠む二首のうち、桃花を詠んだ一首目。この歌はどこで切れるか、議論のある歌である。初句と三句で切れると見れば、「春の苑」「桃の花」「娘子」という三つのものを並べた歌と捉えられる。一方、二句切れと見れば、桃花と乙女とが照応して庭園全体が紅色に輝く歌となる。ここでは後者の説を採った。桃と少女の取り合わせは漢詩に見られる趣向で、一首全体に中国風の華やかな雰囲気が漂う。越中（富山県）に赴任していた家持はこの時期、美に対する繊細な感受性に裏打ちされた漢詩的・絵画的な歌を立て続けに作った。特にこの歌に始まる三月一日～三日朝にかけての十二首は「越中秀吟」と呼ばれ、評価が高い。

遥《はる》かに江《かは》を泝《さかのぼ》る船人《ふなびと》の唱《うた》を聞く歌一首

朝床《あさどこ》に 聞けば遥《はる》けし 射水川《いみづかは》
朝漕ぎしつつ 唱《うた》ふ舟人《ふなびと》

巻19・4150

現代語訳
遥かに川を遡る船人の歌声を聞く歌一首
朝の寝床で耳をすませば遥かに聞こえてくる。射水川で朝、船を漕ぎながら、歌う船人の声が。

大伴家持
おおとものやかもち――前出。

朝床に 聞けば遥けし

When I wake
and listen from my bed,
I hear a boatman far away
singing as he rows
the morning Imizu River.

前の歌（巻19・4139）と同じ「越中秀吟」の最終十二首目。三月三日、上巳《じょうし》の朝の歌。上巳とは中国由来の吉日で、曲水の宴が催され、詩が詠まれる。「越中秀吟」全体に漂う中国的雰囲気は、それを目前に控えた気分の高まりを反映するものだろう。掲出歌は、朝の寝床から起き上がるともなしに耳をすまし、射水川を漕ぎゆく船人の歌を遥かに聞く。舟歌は漢詩に見られる題材だが、『万葉集』ではこれが唯一の例。「聞けば遥けし」も詩語「遥聞」を訓読した語とされる。寝床で舟歌を聞きながら家持が思い浮かべた光景は、詩にあるような中国の川の風景だったのかもしれない。詠われているのは状況描写だが、この歌にはしみじみとした哀情が漂っている。

二十三日に興に依りて作る歌二首

春の野に 霞たなびき うら悲し
この夕影に うぐひす鳴くも

巻19・4290

現代語訳

二十三日に、感興によって作った歌二首
春の野に霞がたなびいて、何ともなしにもの悲しい。この夕方の光の中で鶯が鳴いている。

大伴家持
おおとものやかもち――前出。

我がやどの いささ群竹《むらたけ》 吹く風の
音のかそけき この夕《ゆふへ》かも

巻19・4291

現代語訳

わが家の庭の幾ばくもない群竹、そこに吹き付ける風の音がかすかに響く、この夕方よ。

大伴家持

──前出。

Trails of mist floating across
the fields of spring
somehow make me feel sad.
Then in the gloaming
a bush warbler sings.

「春愁三首」や「絶唱三首」と呼ばれる三首の歌が並ぶ。家持の最高傑作とも評されるこれらの歌は、とりわけ近代に入って評価が高まった。天平勝宝五年（七五三）二月二十三日に作られた二首と、二十五日に作られた一首からなる。4290番歌は一首目。野にたなびく霞と、夕影に鳴く鶯という二つの景に挟まれて、心情表現「うら悲し」が挿入されている。この心情は、上二句の景とも下二句の景とも、合理的な因果関係をもたない。霞がたなびいてどこからか鶯の声がする夕景、その中に抒情はぽつんと置かれている。ここで景は、いわば近代象徴詩におけるそれのように心情を表象している。そう考えると近代に評価が高まった理由もわかる気がする。

Ah! This dusk—
The wind rustling through
my garden's bamboo grove
—*kasokeki, so yo, so yo*—
fills my heart in poignant whisper.

４２９１番歌は前歌に続く「春愁三首」の第二首。これも二月二十三日の作だが、こちらには直接的な心情表現がなく、一見すると叙景歌のようだ。だが幽《かす》かに聞こえる竹の葉の音は、じっと耳を澄ます「我」の孤独な姿をあらわにする。景によって情を表す手法の極致がここにある。伊藤博『萬葉集釋注』は、「景情融合の極限に達した作で、現代語に移してしまえば味わいを失することの、最もいちじるしい歌の一つ」と述べている。こうした歌の翻訳は、現代日本語でも困難を伴うのだ。なお、「かそけし」は音や光が幽かな様を表す形容詞だが、『万葉集』では用例が家持に限られる。[10] その点からも、繊細な美にまなざしを向けたこの歌人の特徴が窺えよう。

二十五日に作る歌一首

うらうらに照れる春日《はるひ》にひばり上がり
心悲しも　ひとりし思へば

巻19・4292

現代語訳

二十五日に作った歌一首

うららかに照る春の日の光の中で、ひばりが舞い上がり、心は悲しい。一人で物思いにふけっていると。

大伴家持

おおとものやかもち

——前出。

うらうらに 照れる春日に

On this balmy day
as the skylarks soar
through spring sunshine,
I feel a tinge of sadness
deep in thought, alone.

「春愁三首」第三首。[11] こちらは前の二首より二日後の作。上三句はうららかな春光の中、空高くひばりが舞い上がる様を詠う。その世界観は極めて明るく、陽気な雰囲気さえ感じられる。「心楽しも」とでも続けたくなるが、実際には「心悲しもひとりし思へば」と続く。外界の明るさに包まれながら、漠然とした内面の暗さに向き合い、独り愁いに沈んでいる。明るいから悲しいという一見矛盾したあり方は、しかし近代人に共感をもって受け入れられた。明るいのに、明るいからこそ際立つ漠然とした愁いが、人間の根源的な孤愁を表すものと捉えられたのである。このような歌は他になく、ここに至って家持の繊細な感性は、万葉的なものを突き抜けたと言える。

父母が　頭《かしら》掻き撫で　幸《さき》くあれて
言ひし言葉《けとば》ぜ　忘れかねつる

巻20・4346

現代語訳　父母が私の頭を撫でながら「無事であれよ」と言った言葉が忘れられない。

防人歌（丈部稲麻呂）

はせつかべのいなまろ——奈良時代の防人。生没年不詳。

父母が 頭掻き撫で

I can never forget
the words my mother and father
said to me
while patting my head—
“Be safe! Be well!”

西国防備を担う防人《さきもり》の多くは東国から集められたため、防人歌には東国方言も多く残る。[12] 一方、防人歌が中央貴族の歌体である定型短歌で詠われていることは、徴兵による中央文化との接触を歌の背後に想定させる。『万葉集』防人歌の中心をなす天平勝宝七歳（七五五）の歌々は各国の部領使《ことりづかい》に進上させた歌を大伴家持が取捨したものだが、それも含めて中央貴族のフィルターがあることに留意しなくてはならない。ただし防人歌には、任地へ赴く前向きな勇ましさよりも、家族と別れて旅立たねばならない後ろ向きな思いが多く詠われる。内容からいえば好戦的・忠君愛国的な歌というより、「悲別歌的・羈旅発思歌的傾向こそ防人歌の本来的な属性[13]」なのである。

韓衣《からころむ》 裾《すそ》に取り付き 泣く子らを
置きてそ来ぬや 母《おも》なしにして

巻20・4401

現代語訳 韓衣の裾に取り付いて泣く子供を残してきたことよ。母親もいないのに。

防人歌（他田大島）

おさだのおおしま

——奈良時代の防人。生没年不詳。信濃の国造家出身で、筑紫に派遣される。

韓衣 裾に取り付き

Though their mother is gone
and my children cried
and clung to my uniform,
I had to leave them behind
and come here to serve.

作者の他田大島は左注に「国造《くにのみやつこ》」とされ、防人集団の最上位の者(隊長)だったらしい。少し後の注には、本来引率の任にあたる部領使が病気になったと記されており、彼がその代役の任を負ったようだ。

初句の「韓衣」は異国風の衣服。「裾」にかかる枕詞とする説もあるが、実態の反映と見たい。防人として立派な制服を着て今しも出発しようとする父の姿を見て、子はその裾に取り付いて泣くのである。「韓衣」に身を包んだ見慣れぬ父の姿は、父親が遠い所へいってしまうという実感をもたらしただろう。父親のほうも子の悲しみがわかっていながら、置いていかねばならない。ましてこの子に母親はいないのだ。非常に悲しい歌である。

防人《さきもり》に 行《ゆ》くは誰《た》が背《せ》と 問ふ人を
見るがともしさ 物思《ものも》ひもせず

巻20・4425

現代語訳　「防人に行くのは誰の旦那さん？」と尋ねる人を見ると羨ましい。物思いもせずに。

防人歌（作者未詳）

防人に 行くは誰が背と

I feel so envious
when I hear them asking
without a thought—
“Whose husband was ordered
to go serve as a guard?”

「昔年の防人歌」という注を伴う八首のうちの一首。それがいつ頃のことかはわからないが、大伴家持が集中的に防人歌を集めた天平勝宝七歳よりも以前から、防人やその妻らが歌を残していたことがここに示されている。
この歌は防人の妻の歌らしい。他の家の妻たちが「今回は誰が行くことになったのでしょう」などとのんきに噂話をしているのを見て、羨ましさを感じている。「物思ひもせず」とわざわざ畳み掛けるのは、自分が「物思ひ」で心を痛めているからに他ならない。夫が召集を免れた妻たちへの羨望は、悲しみの裏返しだろう。自分が不幸の渦中にある時、幸福な他者を見ると心が痛むのは、現代人にも通じる感覚かもしれない。

三年春正月一日に、因幡国庁にして饗を国郡の司等に賜ふ宴の歌一首

新《あらた》しき年の初めの初春《はつはる》の
今日降る雪のいや頻《し》け吉事《よごと》

巻20・4516

現代語訳

（天平宝字《てんぴょうほうじ》）三年の春正月一日に、因幡国庁で国司郡司らに饗応《きょうおう》した宴の歌一首

新しい年の初めの正月の今日降るこの雪のように、ますます積み重なれ、良いことが。

大伴家持

おおとものやかもち――前出。

新しき 年の初めの

On this New Year's Day
which falls on the first day of spring
like the snow that also falls today
may all good things pile up
and up without pause or end....

『万葉集』最終歌。左遷により因幡守《いなばのかみ》となった大伴家持が、因幡国庁（鳥取市国府町）で元日の宴をした時の歌。

　年の初めの雪は瑞祥だった。[14]ただ、掲出歌は雪を単に吉事の前兆と見るのでなく、雪と吉事が一体であるように詠われている。結句「しけ」は雪が降り「敷《し》く」と吉事が「頻《し》く」（絶え間なく起こる）との両義で、雪が頻りに降り重なることが、そのまま吉事のあり様として捉えられる。[15]雪にそう呼びかけ、現に降るそれを見て予祝とするのだ。特にこの年は元日と立春が同時に訪れる格別の吉日だった。予祝の実現はそこに保証されただろう。そして最終歌たるこの歌は、『万葉集』それ自体の未来を言祝《ことほ》ぐものにもなったのである。

注

1 「さらす」「さらさらに」という日本語の語感の楽しさを表現するために、翻訳では"more and more"を"The pretty girl rinses cloth in the Tama River"にも、"why does she seem so sweet and cute"にも掛けている。

2 巻十五は前半が遣新羅使《けんしらぎし》の歌、後半が中臣宅守と狭野弟上娘子との贈答歌という二部構成からなり、いずれも虚構を交えつつ物語的に歌が並べられている。

3 元の歌では「立たば」「立ち嘆く」という二度の「立つ」が使われ、海辺の霧と嘆きの息とを表現上でも結びつけているように感じられる。英語では"cover"を繰り返すことで、これと同じ効果を出した。

4 『古事記』では、黄泉国から戻ったイザナキが帯を投げ棄てると、「道之長乳歯神《みちのながちはのかみ》」という道の神になる。それと逆の発想だろう。

5 『万葉集』はいったん全十五巻で完成し、巻十六は当初、あくまで付録のような位置づけだったらしい。後に巻十七〜二十が追補されるに及んで、巻十六も独立した巻としての地位が与えられたと考えられている。

6 英訳では、狐の声が三回出てくるが、三回とも掛詞によって隠されている("shrieks" "barking" "bark-lined bridge")。食器は"kettle"、櫃は"bottle"で、原文同様"Ichihitsu"

にも隠されている。また橋は英訳五行目の最後に出てくるが、それだけではない。三行目冒頭の“begird”が“bridge”のアナグラムになっている。

7　「古屋」は人が住まなくなって古びた廃屋《はいおく》のこと。漢語では「凶宅」とも言い、怪異《かいい》が出そうな不吉なものと恐れられた。“haunted house”と訳した。

「蛟龍」は中国古代の想像上の動物。水中に棲息し、やがて天に昇って龍になると言う。

8　「仏足石歌」という名称は、薬師寺の仏足石（釈迦の足跡を刻んだ石）とともに安置された歌碑の歌が、全てこの歌体であることに由来する。「仏足石歌」と言えば狭義にはこの薬師寺仏足石歌碑の歌二十一首を指し、広義にはそれと同じスタイル（五七五七七七）の歌を指す。広義の仏足石歌は『古事記』『万葉集』『播磨国風土記』に一首ずつあり、掲出歌はその一つだ。

9　ちなみにこの歌の「麓」という漢字、木の下に鹿がいることに気付いただろうか？

10　英語では「かそけし」は無論のこと、「そよそよ」のようなオノマトペもないので、原文の表現をそのまま英訳に落とし込んだ。

11　この歌の上の句には、「う」「ら」「る」「ひ」など、いくつかの音が繰り返し使われている。これが生み出す軽やかで音楽的な響きが、「ひばり」「上がり」という韻と相まって、実際に目の前でひばりが空高く舞い上がっていく光景を目にしているような感覚を生み出している。

一方下の句では、「悲しも」の「か」と「ひとりし思へば」の「ば」、また「ひとりし」の「ひ」と「し」が新しいリズムを作るとともに、「心」の新しい音が入ってくる。しかしその一方で、「ひ」や「り」など上の句で用いられた音も繰り返され、上の句の余韻を残している。上の句から下の句にかけて転換する心情を、音のパターンの変化で表現しているという点で、この歌は古典詩歌の傑作と呼ぶことができる。英訳でも同じような効果を生み出そうと試みて、上の句では“skylarks soar”“spring”“sunshine”といったsの音を繰り返し、下の句ではそれを“sadness”で受け継いだ。

12 たとえば掲出歌の「幸くあれて」は「幸くあれと」、「言葉《けとば》ぜ」は「言葉《ことば》ぞ」の東国方言。

13 身崎寿「防人歌試論」『萬葉』82号、1973・10。

14 『万葉集』には他に「新《あらた》しき年の初めに豊《とよ》の稔《とし》しるすとならし雪の降れるは」（巻17・3925 葛井諸会《ふじいのもろあい》）という歌もあり、ここでは年の初めの雪が豊作の前兆とされている。

15 元の歌の「頻《し》け」は雪が振り「敷く」と吉事が「頻く」の掛詞となっている。翻訳では立春と元日が同じ日にfall（重なる）こと、雪がfall（降る）こと、という二つの異なる意味を、“falls”という同じ言葉で表すことで原文の言葉遊びの感覚を取り入れた。

万葉集の世界へ

1　万葉人の生き方を垣間見る

『万葉集』には男女の愛から、家族愛、日常の暮らし、自然との結びつきまで、多種多様なテーマの歌が収められている。本文で紹介した歌だけでも、万葉時代の人々の生活、愛、想像の対象を垣間見ることができるだろう。

たとえば、愛の歌でも、「百歳《ももとせ》に　老《お》い舌出《したい》でて　よよむとも　我《あれ》は厭《いと》はじ　恋は増すとも」（あなたが百歳の老女になって、老い舌が出て腰が曲がろうとも、私は決して嫌がったりしないでしょう。恋しさが増すことはあっても）のように老境に至っても変わらない愛を詠んだ歌もあれば、「相思はぬ　人を思ふは　大寺の　餓鬼の後《しりへ》に　額つくごとし」（私を思ってくれない人を思うのは、大寺の餓鬼に、それも後ろから額づいて拝むようなものです）と報われぬ恋をユーモラスに詠んだ素晴らしい歌もある。

家族愛を詠ったものでは、山上憶良の有名な二首を挙げておこう。

「瓜食《うりは》めば　子ども思ほゆ　栗食《くりは》めば　まして偲はゆ　いづくより　来《きた》りしものそ　まなかひに　もとなかかりて　安眠《やすい》しなさぬ」（瓜を食べると子供らのことが思い出される。栗を食

べるとますます偲ばれる。いったいどこからやって来たのか、面影が眼の前にやたらとちらついて、安眠させてくれない)
「銀《しろかね》も　金《くがね》も玉も　なにせむに　優《まさ》れる宝　子に及《し》かめやも」(銀も金も珠玉も、どうして何より優れた宝である子に及ぶことがあろうか)
家族との別離を詠んだ防人の歌も胸に迫る。
「韓衣《からころむ》　裾《すそ》に取り付き　泣く子らを　置きてそ来ぬや　母《おも》なしにして」(韓衣の裾に取り付いて泣く子供を残してきたことよ。母親もいないのに)
またユーモアという点で、私が集中一と思うのは、大伴旅人のこの歌だ。
「なかなかに　人とあらずは　酒壺《さかつぼ》に　なりにてしかも　酒に染みなむ」(なまじ人としてあるよりは、いっそ酒壺になってしまいたい。そうしたらずっと酒に浸っていられるだろう)
滑稽であると同時に、人生への深い省察も込められている。
シンプルで感情を直截的に歌ったものから、非常に複雑な表現方法を用いたものまで、とても多様でユニーク。そこに古代日本人の心性があらわれているのだ。

自然と心情

なかでも私が注目するのは、自然と深く結びついた世界観が美しい言葉で表現されていることだ。

たとえば大伴家持の有名な「うらうらに　照れる春日《はるひ》に　ひばり上がり　心悲しも　ひとりし思へば」（うららかに照る春の日の光の中で、ひばりが舞い上がり、心は悲しい。一人で物思いにふけっていると）では、一見正反対な明るい自然の情景と心の悲しみが独特の感性で結び付けられている。

さらに、夕方の庭の情景を詠った「我がやどの　いささ群竹《むらたけ》　吹く風の　音のかそけきこの夕《ゆふへ》かも」（わが家の庭の幾ばくもない群竹、そこに吹き付ける風の音がかすかに響く、この夕方よ）にしても、朝の河辺の情景を詠った「朝床《あさどこ》に　聞けば遙《はる》けし　射水川《いみづかは》朝漕ぎしつつ　唱《うた》ふ舟人《ふなびと》」（朝の寝床で耳をすませば遥かに聞こえてくる。射水川で朝、船を漕ぎながら、歌う船人の声が）にしても、どちらの歌も直接的な心情表現を一切使わずに、風景に仮託して自らの内面を歌っている。心象を描き出すために実際の風景を利用するのは、『万葉集』ではよく用いられている手法だ。中にはこの歌のように、注意深く行間を読まなければ、もの悲しい風景描写に作者の内面の悲しみがなぞらえられているとわからない場合もある。

このような歌の翻訳は一筋縄ではいかない。

2　万葉集とシャーマニズム

さらに自然とのかかわりが色濃く表現された歌もある。次の歌からは、動物――この歌では鹿――の持つ、生命力と美しさに対する大きな敬意が感じ取れ、私のお気に入りのひとつだ。

「弥彦《いやひこ》　神の麓《ふもと》に　今日らもか　鹿の伏すらむ　裘《かはごろも》着て　角《つの》つきながら」（弥彦の神の麓に、今日も鹿が伏していることだろうか。皮の衣を着て、角をつけたままで）

こうした『万葉集』の自然観は、シャーマニズムともつながっている。今回の翻訳作業を通じて、私が最も驚いたのは、この点だった。これは『万葉集』の重要な側面のひとつだと思うので、以下に詳しく論じてみたい。

もともと私は何年も前からシャーマニズムに関心を抱いてきた。南半球ではオーストラリアや南アフリカ、北半球ではハワイやアイルランドなど、様々な国を訪れ、各地のシャーマンたちと交流してきた。日本では、沖縄や宮古島、奄美大島、青森と、各地に数多く存在するシャーマンのもとを訪ね、膝を突き合わせて話をした。

私がこれまでに訪れた様々な国々のシャーマンたちに共通しているのは、すべての生きとし生けるものたちと分け隔てなく関わる力であり、そして次元を異にする、この世をこえたものと交流する能力である。私の母国アイルランドでも、古代にはシャーマニズムが存在していた。「フィリ」と呼ばれる詩人は、社会の中で最も大きな尊敬を集める存在であった。フィリが書いたり語ったりした言葉は――呪いであれ、祝福であれ――すべて現実のものになると信じられていたからだ。

そんな私であるから、『万葉集』にシャーマニズムの要素を見つけたときの喜びと驚きは、とても言い尽くせない。さらに『万葉集』の歌を読み進めていくうちに、シャーマニズムは『万葉集』の特筆すべき特徴のひとつと言えるだろうと確信した。シャーマニズムの世界観を、『万葉集』はどのような言葉で表現しえているのだろうか。いくつかの観点から辿ってみたい。

言葉が現実のものとなる

シャーマニズムの最も重要なポイントのひとつとして挙げられるのが、言語の概念である。

すなわち、言葉によって表現されたものは現実のものになる、という考え方だ。そもそも日本語の「言《こと》」と「事《こと》」とは同じ語源であり、『万葉集』においても必ずしも現代のような区別はされていなかった。「言」は「事」であるという前提が、言葉の呪力を支えていたのである。次の歌は、「言」によって望ましい「事」を引き寄せようとする発想の好例となる。

天《あま》の原　振り放《さ》け見れば　大君の　御寿《みいのち》は長く　天足《あまた》らしたり

空の広さに長寿のイメージを重ねることによって、長寿の祈願をしている歌であり、「予祝」の一例である。予祝とは、予め祝《ことほ》ぐこと。望ましい未来が現実化する前に祝ぐことで、そうした未来を現実に引き寄せようとする古代特有の呪的発想をいう。

この歌では倭大后が病床にある天智天皇の命の長久を断定的に詠って祝いでおり、そうした未来を切実に願う思いが窺える。ただし、その呪的な有効性に対する信頼は、徐々に揺らぎつつあった。結果としてこの歌の祈りは届くことがなかったが、こうしたかつての呪的な発想が、歌の表現の中で活きていると考えることができるだろう。

古代における「見る」の意味

さらに、この歌のような「見る」という行為の概念自体にも、シャーマニズム的な要素が含まれている。当時、「見える」とことさらに言うことには特殊な意味があった。平安時代以降の歌集と比べると、『万葉集』には「〜見ゆ」という表現が際立って多い。そのことは、これが上代特有の発想であったことをよく示している。

古代におけるその特殊性を示す最も典型的な例に、「国見」という儀礼の存在がある。国見とは統治者が山などに登り、自身の支配領域の状況を望み見ること。その時に見られるものは、現実に見えるものだけとは限らない。「……見れば……見ゆ」という特徴的な表現形式をもつ歌謡を二例みてみよう。

① 千葉《ちば》の　葛野《かづの》を見れば　百千足《ももちだ》る　家庭《やには》も見ゆ　国の秀《ほ》も見ゆ

② おしてるや　難波《なには》の崎よ　出《い》で立ちて　我が国見れば　淡島《あはしま》　淤能碁呂島《おのごろしま》　檳榔《あぢまさ》の島も見ゆ　離《さけ》つ島見ゆ

いずれも『古事記』（①は『日本書紀』にも）に載る歌謡。①は応神天皇の、②は仁徳天皇の国見歌である。

①で見られている「国の秀」は国の繁栄という概念的なことがらであって、実態として見ることができるものではない。「百千足る家庭」も、「宇遅野《うちの》」から「葛野」を望んで詠ったという『古事記』の記すところに従えば地理的に無理があり、実景とはみなし難い。②もまた、「淡島」「淤能碁呂島」「檳榔の島」「離つ島」は神話世界の島々であって、実見できるものではない。いずれも見えるはずのないものを、「見ゆ」と詠う。いわば自らの視線を神のそれと重ね、統治者としての権威を示すものと考えることができる。その前提として、見えると詠うことはその対象を現実の存在として、確定的に立ち現す働きをもっていたのである。

その働きは、先ほど紹介した「天の原　振り放け見れば　大君の　御寿は長く　天足らしたり」や、同じく天智天皇の崩御に際して倭大后が詠った挽歌「青旗《あをはた》の　木幡《こはた》の上を　通ふとは　目には見れども　直《ただ》に逢はぬかも」にも認めることができる。ここでは「命」という本来見えるはずのないものや、行き交う天皇の魂が、見たものとして描写されている。ただし先述したように、結果として現実の「命」は長くは続かず、目に見ることはできても直接逢うことはできないと詠われる点に、既に呪的なまなざしの限界が自覚されていたことが窺える。

『万葉集』の歌々は古代的な視覚の呪性を知識として引き継ぎつつも、その信頼性が失われていく過程を反映するものでもあった。先掲の古代歌謡に典型的な「……見れば……見ゆ」という表現形式は、やがて「大君の　遠の朝廷《みかど》と　あり通ふ　島門《しまと》を見れば　神代し思ほゆ」（柿本人麻呂　巻3・304）のような「……見れば……思ほゆ」の形式と交替する。見えるはずのないものはあくまでも見えないものとして、観念の対象へと変わっていったのである。

それでも平安時代以降に比べると、やはり見ることには重い意味があったと言えるだろう。たとえば本文のなかで取り上げた次の歌にも「見ゆ」が使われている。最初にこの歌を英訳したときは、そこに特別な意味があることには気が付かなかった。しかし、この歌は夜空の風景を海の風景のように見立てて詠っており、そうした幻想的な捉え方を現実のものとして立ち現すような効果が、「見ゆ」にはあるのだ。だから、この本に収録するにあたって、「見ゆ」すなわち「見える」の英訳（can be seen）を入れないほうが、本来のシャーマニズム的な感覚により近い表現になるということを発見した。これこそ、翻訳の摩訶不思議なところである。

天《あめ》の海に　雲の波立ち　月の舟　星の林に　漕ぎ隠る見ゆ

Cloud waves rise
in the sea of heaven.
The moon is a boat
that rows till it hides
in a wood of stars.

この柿本人麻呂歌集中の歌は、日本のあらゆる詩歌の中でも私のいちばんのお気に入りの歌だ。この歌の表現は、私が朝日新聞に連載しているコラム「星の林に」のタイトルにも使っている。

岩や草木に神が宿る

シャーマニズム的な要素は、万葉の時代の宗教や信仰にも見出すことができる。本文で取り上げた中にも「川の上《へ》の　ゆつ岩群《いはむら》に　草生《む》さず　常《つね》にもがもな　常処女《とこをとめ》にて」という歌があるが、この「ゆつ岩群」は神聖な岩々を意味し、「ゆ」は神が宿るものを尊んでいう語。『日本書紀』(神代下)にも、「草木咸能《みなよ》く言語《ものいふこと》有り」という記載がある。古代の人々は草や木にも神や精霊が宿り、言葉を発すると考えていたのだ。ものに神が宿るという考え方は、当時のアニミズム的信仰の例になる。

「直《ただ》に逢はば　逢ひかつましじ　石川に　雲立ち渡れ　見つつ偲《しの》はむ」

この歌にもシャーマニズム的な感性が表れている。古来、雲は、遠く離れて見えない相手の姿の代わりに、せめて見えてほしいと願われるものだった。一説には、こうした雲は人の魂の発現した姿として捉えられていたとされ、あるいは雲が魂の場所を示していたともされる。いずれにせよ、魂という異次元のものを見ようとするこの歌は、独特のシャーマン的な要素を感じさせる。

『万葉集』にシャーマニズムを見出したことで、この百首こそ自分が翻訳すべき作品だという思いはさらに強くなった。今日、私たちが生きている世界は崩壊の危機に直面している。古代の人々の歌は、私たちが未来を切り開いていくうえで学ぶべき多くのことを教えてくれる。その意味において、『万葉集』は、日本だけでなく世界にとって非常に重要な文学作品なのである。

3 『万葉集』の成り立ち

『万葉集』の重要性を実感したところで、改めてそのあらましを確認しておきたい。

おそらくほとんどの日本人は『万葉集』という書名を知っているだろう。けれども、『万葉集』はいつの時代の歌集で、どれくらいの数の歌が収められていて、そこではどんな内容が詠われているか、と問われると答えに窮する人が多いのではないだろうか。

『万葉集』が最終的に完成したのは、八世紀後半らしい。「らしい」といったのは、『万葉集』には後世の勅撰和歌集に見られるような序文がなく、編纂事情については実際の内容から推測するしかないからだ。また「最終的」といったのは、長い時間をかけて段階的に編纂されたと考えられているためだ。その最終段階の編纂作業には、大伴家持が深くかかわったと推測されているが、それまでにも様々な編纂者の手を経た形跡がある。だから、最初から最後まで全く同じ編纂方針がとられているわけではないのだ。

『万葉集』は全二十巻・約四千五百首からなるけれども、巻によって歌の並べ方すら違っている。たとえば、学校で『万葉集』を習う時に必ず教えられるであろう「雑歌《ぞうか》」「相聞《そうもん》」「挽《ばん》歌《か》」の三大部立《ぶだて》も、『万葉集』全体を覆っているわけではない。この三つは内容面での分類（雑歌＝様々な公的な歌、相聞＝私情を伝える歌、挽歌＝死にかかわる歌）だが、他にも歌のスタイル（表現法や形式上の特徴）によって部立する巻や、そもそも部立のない巻もある。そのことは、巻によって編纂方針に違いがあることをよく示している。

ちなみに、歌のスタイルにはどんなものがあるかと言うと、形式面（歌体《かたい》）では長歌《ちょうか》、短《たん》歌《か》、旋頭歌《せどうか》、仏足石歌《ぶっそくせきか》などがある。これらはどれも基本的には五音句と七音句との組み合わせで構成されている。中でも五七五七七の短歌は『万葉集』中に約四千百七十首あって最も多い。長歌は五七五七五七……と続いて七七で終わる歌体で、約二百六十首ある。旋頭歌は五七七五七七という形式の歌体で、六十一首。仏足石歌は五七五七七七という短歌の最後に七音句が続く歌体だが、『万葉集』にはわずかに一首を数えるのみだ。このようにひとくちに「歌」と言っても『万葉集』には様々なスタイルがあるわけだが、それぞれの割合は巻ごとに異なり、中には短歌だけで構成された巻もある。

巻ごとの性格の違いについて、もう少し例を挙げておこう。最も初期に編纂されたと考えられる巻一と二は、「～天皇代《てんのうだい》」と記して年代順に歌を並べているが、このようにどの天皇の時代かを明記して歌を配列する方針は、他の巻ではとられていない。また巻十七～二十は大伴家持による日々の作歌活動の記録のような内容・構成になっており、「歌日誌《うたにっし》（歌日記《うたにっき》）」とも呼ばれる。公的・私的といった面から見ても、巻によって大きく性格が異なることがよくわかるだろう。ちなみに、「歌日誌」の最後の歌は本書でも取り上げた天平宝字三年（七五九）一月一日の歌で、これが『万葉集』全体でも最も新しい歌にあたる——と言えば、『万葉集』の「最終的」な完成が「八世紀後半らしい」と述べた理由がわかっていただけるだろう。

『万葉集』四つの時期

では『万葉集』で最も古い歌はいつ頃のものだろうか。実はこの問題は単純ではない。書いてあることをそのまま信じるならば、本書でも歌を取り上げた磐姫皇后は最も古い時代の人物と言える。磐姫が皇后となったのは仁徳天皇二年（三一四）で、崩御したのは同三十五年（三四七）のことなので、その歌は『万葉集』の完成から遡ること四百年以上前の歌ということになる。しかし彼女の名が記された歌を読んでみると、そのスタイルは明らかにもっと後の時代の特徴を示しており、実際には別人の作だろうと考えられている。では実際のところ『万葉集』の歌はどの時代まで遡ることができるかと言うと、舒明天皇以降だと言われる。舒明天皇は六二九年に即位したとされるので、そこからおおよそ百三十年間が「万葉歌の時代」ということになるだろう。
その百三十年間は、おおよそ四つの時期に分けることができる。本書で歌を紹介した代表的歌人を各時期に当てはめると、次のようになる。
第一期　磐姫皇后　有間皇子　倭大后　額田王
第二期　柿本人麻呂　高市黒人　天武天皇　持統天皇
第三期　山部赤人　大伴旅人　山上憶良　沙弥満誓
第四期　大伴家持　笠女郎　防人歌　東歌
壬申の乱が起きた六七二年までが第一期、そこから平城遷都の行われた七一〇年までが第二期、さらに山上憶良が没し、大伴家持の歌が初めて現れる七三三年までが第三期、そして『万葉集』最終歌が詠まれた七五九年までが第四期だ。あくまで便宜的な分け方ではあるが、こうした時代性をふまえて読んでみると、新たな発見があるかもしれない。

読み継がれる『万葉集』

そもそも『万葉集』が成立したのは、平仮名・片仮名が生まれる以前、漢字によってのみ日本語が表記されていた時代だった。『万葉集』には漢字の音や訓を日本語にあてたいわゆる万葉仮名をはじめとして、様々な表記法がある。それら漢字による独特な言語表現の世界については、後に詳しく述べたい。

漢字はもともと中国の文字であり、日本語を書き記すために作られた文字ではない。その漢字を使って、日本語を書き表すには、当然様々な工夫が必要になる。また奈良時代までの日本語は、平安時代以降の日本語とは異なる音韻体系を持っていた。たとえば現代なら、「霧《きり》」のキと「錐《きり》」のキは同じ「き」で書き表される。だが『万葉集』の時代には、万葉仮名で一字一音表記される場合にも「奇利《きり》」（＝霧）、「支利《きり》」（＝錐）などと書き分けられ、基本的には混同されなかった。これは「奇《き》」と「支《き》」とで発音が異なっていたからだと考えられるのである。

時代が下って、平仮名が発明されるなど、日本語の表記方法が変わっていくにつれて、『万葉集』の歌は読むことが難しいものになっていった。『万葉集』の歌を読むためには、全て漢字だけで記されたその文字列をどう訓《よ》むか、という点がまず問題になるからだ。現代に至る『万葉集』の研究史は、根本的にはその訓みを定める作業が基礎になっていたと言っていい。

その「研究」が記録上最初に行われたのは、天暦五年（九五一）のことだ。この時、二番目の勅撰和歌集である『後撰和歌集』の選者たち（「梨壺《なしつぼ》の五人」と呼ばれる）は、村上天皇の命を受けて『万葉集』を読み解き、多くの歌に訓を付した。これが、長きにわたる『万葉集』研究の始まりである。このことからわかるのは、『万葉集』が早い段階から、限られた知識人にしか読むことのできない書物となっていた、という事実である。

そしてこの時に訓が付けられなかった歌にもその後様々な人々が訓を付けていき、最終的には鎌倉時代の僧・仙覚《せんがく》によって、全ての歌に訓が付されることとなった。だが必ずしもその訓みは妥当と言えるものばかりではなく、訓みの修正（改訓《かいくん》）作業は絶えず続けられてきた。

以後、長い年月をかけて研究・解読が進められていくものの、全二十巻の『万葉集』の和歌のうち、広く知られるようになった和歌はごく一部であった。また『万葉集』にふれることができたのも、中世まではごく限られた者たちだった。

和歌そのものは、けして貴族や知識人だけに限られた文芸ではない。和歌の世界では『古今和歌集』以後、和歌特有のみやびな表現や発想が、一種の型として定着していった。それは一見すると非常に不自由で、排他的なものと見えるかもしれない。しかし、裏を返すと、平安朝以後の和歌とは、その型を知っている者ならば誰でも参加できた文芸だったのである。

和歌特有の型は、いわばゲームのルールのようなものであり、そのルールさえ知っていれば、どんな身分の者でもゲームに参加できた。たとえば平安時代後期から中世にかけて、説話集とよばれる様々なエピソードを集めた作品が多数編まれるが、それらの説話集には「身分の低いものや子供が飛び入りで和歌の会の座に加わって、すばらしい歌を詠み一同を感嘆させた」というような話が多数おさめられている。また平安末期の大歌人、源俊頼が、自分の詠んだ和歌を遊女たちが歌っているのを聞いて喜んだ、というようなエピソードもある（『無名抄』）。武士の世、戦乱の世となると、一層和歌人口は増えた。型が決まっているからこそ、身分にかかわらず、誰もが和歌を詠み、自分の心を歌に託すことができた。また雅な世界が土台にあるからこそ、それをパロディ化する楽しみもあった。

ただそれは、あくまで和歌一般の話であり、また和歌を作るときの話である。難解で巨大な『万葉集』を入手して読むことのできた者は、中世までの日本社会全体からみると、非常に少なかったはずだ。万葉歌の中にも特に有名な歌はあったが、それらの歌は『万葉集』そのものではなく、平安時代以降に編まれた私家集や私撰集、勅撰集といったアンソロジーを通して知られていたことも多かったのである。

国民的な古典として

それでは『万葉集』はいつから広く読者を獲得していったのか。その最初のきざしが見られたのは、江戸時代である。この太平の世には、国学者らによる古典の研究が盛んに行われた。また都市部で貨幣経済が浸透し、これまでにはない出版文化が生まれた影響も大きい。整版印刷による版本が流通するようになったことで、一冊一冊手で書き写していた時代とは比べ物にならない数の書物が出回ったのである。こうした事情から、より幅広い読者が『万葉集』に接することができるようになった。

とりわけ賀茂真淵は、『万葉集』を世に広めた立役者といってよいだろう。彼は『万葉集』の解読と注釈をすすめるとともに、多くの弟子をもった。そして自分自身も「万葉調」を標榜した和歌を詠んだ。真淵とその門人たちの言説は、当時の歌人や知識人たちに影響をおよぼしてゆく。

明治時代に入ると、『万葉集』をとりまく状況はさらに変化した。近代における『万葉集』をとりまく状況については品田悦一氏が『万葉集の発明』(新曜社、二〇〇一年)で詳細に論じられている。ここで、そうした研究の成果を踏まえながら、『万葉集』がどう利用されていったのかを簡単にみていきたい。

当時、明治政府は急ピッチで中央集権体制を整えていった。江戸時代までたくさんの藩に分かれていた日本を、一つの近代国家として統一的にふるまう国に変えようとしたのである。ただし、制度をどれほど統一しても、国民の意識が変わらなくては、日本という国はまとまらない。藩同士でいがみあうこともあった人々、士農工商の身分制度の中で分断されていた人々を、同じ日本国民としてまとめてゆくには、どうしたらよいか。数百年ものあいだ政治的実権を持っていなかった天皇を、再度国家の中心に定着させてゆくにはどうしたらよいか。こうした課題を前にして白羽の矢が立ったのが、他ならぬ『万葉集』だった。折しも文学者のあいだでも、文学の近代化がはかられ、平安時代から江戸時代に至るまでの和歌のあり方を乗り越えようとする動きが多発していた。その中で、『古今集』とは異なる特色を持つ『万葉集』に注目が集まる。とりわけ雑誌『アララギ』の歌人たちが「万葉調」を賞美した影響は大きかった。

こうした機運が重なって、『万葉集』は国民的な歌集、国民的な古典として、広く一般の読者のあいだにも広がってゆく。その人気を支えたのは、『万葉集』のことを、「天皇から庶民までのすべての人々の和歌をおさめた、素朴な、ありのままの日本人の心を伝える歌集」

とみなす捉え方であった。明治時代の『万葉集』は国家体制を整え、国民をまとめる文化装置として、実に重要な役割を担っていたといえる。しかし近代日本において作り上げられた「天皇から庶民まで」というイメージは、必ずしも実態に即したものではなかった。『万葉集』の大部分の歌は中央貴族の手になるものであるし、「東歌」として収められている東国の歌も、庶民の中から自然発生した民謡的な歌ではなく、定型短歌という中央の文化に触れる機会のあったごく一部の人によるものである。「防人歌」も同様で、末端の一兵卒の声ではなく、防人の中でも統率者や上級防人の作品なのだ。

さらに国が戦争に向かい、国民みな一丸となって戦う体制を作り上げようとしたとき、『万葉集』は利用されることとなった。第二次世界大戦中、『万葉集』の歌は国威発揚、戦意高揚のためのスローガンのように利用された。ことに大伴家持の長歌の一節「海ゆかば」は、軍歌にアレンジされて著名である。防人歌もまた、ごく僅かな勇ましい歌ばかりがことさらに取り上げられた。政府や軍部はこれらの歌に注目することにより、『万葉集』を「忠君愛国」「滅私奉公」といったメッセージと結び付けたのだった。実際のところ、『万葉集』の多数をしめるのは恋（相聞）の歌であり、「海ゆかば」の歌のような、いさましい表現を持つ歌は非常に少ない。それにもかかわらず、そのごく一部の例外が取り出され、「万葉精神」

として喧伝されたのである。

しかし、私は、万葉の時代の人々の戦争や戦いに対する心情は、本文でも取り上げた防人の妻の歌のようなものだったのではないかと考えている。

「防人《さきもり》に　行《ゆ》くは誰《た》が背《せ》と　問ふ人を　見るがともしさ　物思《ものも》ひもせず」

いつの時代にも、戦争によって最も大きな苦しみを味わうのは、一家の大黒柱を戦場に送り出さなければならない家族なのだ。この単純な歌には、そうした立場の弱い者たちに共通する普遍的な思いが表現されている。このような感情は万葉の時代からいまも変わっていないだろう。私は、『万葉集』を安易にナショナリズム高揚に利用することなく、あくまでも文学として読んでほしい、と願っている。日本文化の素晴らしさに誇りをもつこと、それこそが正しいナショナリズムのはずであり、日本ができる世界への貢献だと思う。

前にも述べたように、『万葉集』をいかに読み解くか、訓みの修正（改訓）作業は実は近代以降も絶えず続けられている。現代に至ってなお、訓み方の定まらない歌は存在するのだ。ただ、そうした謎めいた部分もまた、『万葉集』の魅力の一つなのかもしれない。使われている漢字そのものの音や意味を深く考察することはもちろんのこと、歌全体の文脈を考えたり、歌の背景にある状況や他の歌の表現を参考にしたり……と、様々なアプローチが可能だろう。あるいはまた、全く別の観点――たとえば本書のように英語で考えてみたり――から突破口が開くこともあるかもしれない。

『万葉集』という書名の由来には様々な説があるが、現在は「万世・万代」まで伝わる歌集、とする説が有力視されている。成立から千二百年以上の時を経て現代まで伝えられてきたこの歌集は、その名の通り、これからも長く、そして広く読み継がれていくことだろう。

4　漢字表記の冒険

様式的には素朴でシンプルだと言われることが多い『万葉集』だが、非常に複雑な修辞法や言葉遊びが使われている。漢字を使うことで意味に重層性を持たせるテクニックもそのひとつだ。例えば次の歌を見てみよう。

不明　公平相見而　菅根乃　長春日乎　孤悲渡鴨（おほほしく　君を相見《あひみ》て　菅《すが》の根の　長き春日を　恋ひ渡るかも）（巻10・1921）

この歌では、「孤悲」は「こひ」、すなわち「恋」の当て字であり、「恋は孤独で悲しいもの」という裏の意味が隠されている。なんとも言い得て妙ではないか。

次の歌（一八〇ページ参照）でも、漢字によって巧みに意味の重層性を生み出している。

朝影　吾身成　玉垣入　風所見　去子故（朝影に　我《あ》が身はなりぬ　玉かきる　ほのかに見えて　去《い》にし児《こ》故《ゆゑ》に）

「玉かきる　ほのかに見えて」の部分には「玉垣入　風所見」の漢字が使われている。思いびとの姿をちらりと見かけたことを、玉垣の間を吹き抜ける一瞬のそよ風にたとえているのだ。私はこの歌の英訳に日本語のルビのスタイルを取り入れ、玉垣を通り抜けるそよ風のイメージを書き添えることで、原詩と同じように二重の意味が伝わるように試みた。

I have become weak
as a morning shadow
because of the glimpse that I got《like a breeze blowing through a fence》

of that beautiful maiden
before she disappeared.

もうひとつの例は、二六ページで紹介した歌である。

鳴呼見乃浦尓　船乗為良武　𡢳嬬等之　珠裳乃須十二　四宝三都良武香（鳴呼見《あみ》の浦に　舟《ふな》乗《の》りすらむ　娘子《をとめ》らが　玉裳《たまも》の裾《すそ》に　潮満《しほみ》つらむか）

この歌の漢字表記の工夫、および英訳の工夫については本文中に詳しく述べた通りだ。こうした例は「素朴」とみなされがちな『万葉集』の修辞のすばらしさを示すもので、日本語の詩歌のレトリックの極みともいえるのではないだろうか。

高度に洗練された言葉遊び

こうした言葉遊びは、『万葉集』の時代だからこそ可能だったものである。というのも、この時代にはまだ日本語の綴り方は固まっておらず、平仮名も片仮名も生み出されていなかったからだ。平仮名や片仮名が使われるようになると、こうした漢字による言葉遊びは和歌の世界からは姿を消していく。『万葉集』が素朴でシンプルな歌集だとする考え方は誤りであり、漢字を用いる言葉遊びのテクニックは、非常に洗練された、高度な次元に到達していたのである。

若浦尓　塩満来者　潟乎無美　葦邊乎指天　多頭鳴渡（若の浦に　潮満ち来れば　潟《かた》をなみ　葦辺《あしへ》をさして　鶴《たづ》鳴き渡る）

この歌（一四八ページ）では「鶴」の古名「たづ」に「多頭」という漢字を当てることで、「多数の鶴」という意味を付け加えているのだ。使われている漢字に注意しながら味わうことで、海辺の風景の中で、たくさんの鶴たちが頭を並べている様子が目に浮かぶだろう。それを踏まえて“a flock of cranes”と英訳した。

……毎見　恋者雖益　色二山上復有山者　一可知美……（……見るごとに　恋は増されど　色に出でば　人知りぬべみ……）（笠金村　巻9・1787）

この歌では、「山の上にまた山がある」という表記で漢字の「出」を表している。「出」という漢字の形を、「山」という字が縦に二つ重なった形と捉えているのだ。歌の内容そのものにはかかわらない、こうした一種の遊びも『万葉集』の漢字表記には見ることができる。

丸雪降　遠江　吾跡川楊　雖苅　亦生云　余跡川楊（あられ降り　遠江《とほつあふみ》の　吾跡川柳《あどかはやなぎ》　刈れども　またも生ふといふ　吾跡川柳）（柿本人麻呂歌集　旋頭歌　巻7・1293）

この歌は、「霰《あられ》」は「丸い雪」と表現されている。もちろん、「霰」という表記も『万葉集』には見られるが、この歌ではそのアラレというものが具体的にどういうものか、という理解を文字表現に反映させているのである。

……草枕　多日夜取世須　古昔念而（……草枕　旅宿《たびやど》りせす　古《いにしへ》思ひて）（柿本人麻呂　巻1・45）

この歌では、「旅宿り」が「多日夜取」と書かれている。「多くの日夜を取る」、すなわちこの旅は長旅として表現されているのだ。

淑人乃　良跡吉見而　好常言師　芳野吉見与　良人四来三（よき人の　よしとよく見て　よしと言ひし　吉野よく見よ　よき人よく見）

これは天武天皇の有名な歌である。原文では、繰り返される「よ」の音には「淑」「良」「吉」「好」「芳」「与」「四」など様々な漢字があてられている。この工夫により、同じ音の繰り返しにもうひとつ別の楽しさが加わっているのだ。

しかし、こうした『万葉集』の漢字使いのテクニックは日本文化における異端児というわけではない。視覚と音の遊びは日本文化の歴史を通じて常に見られてきたものであり、『万葉集』はその重要な先駆例に位置付けることができる。文字を巧みに使った遊びの精神は日本文化ならではのものであり、後代の日本文化にも様々なかたちで登場してくるのである。

5　結びにかえて

『万葉集』を翻訳する中で、この作品が古代の社会、文化と密接な関わりを持っていることを日々感じていた。そんな折に、奈良の社寺をたずねる機会に恵まれ、幸運なことに、法隆寺、法起寺、中宮寺、興福寺、薬師寺、唐招提寺、海龍王寺、法華寺、聖林寺、大安寺、法輪寺、長谷寺、室生寺、西大寺を取材で訪問することができた。

実際に訪問してみて実感したのは、奈良時代の日本がどれほど世界に開かれていたかということだった。唐から日本にやってきた鑑真和上の開いた唐招提寺は、その好例である。奈良という土地に刻まれた記憶のはしばしに、すぐれた世界の文化を取り込もうとする姿勢が感じられた。仏教を受容したのもその一環だろう。聖徳太子以来、日本は仏教を大切にしながら国を守り維持してきた。

また、原稿を執筆中に東京国立博物館で正倉院の展覧会（「正倉院の世界――皇室がまもり伝えた美――」）を見ることもできた。正倉院にシルクロードの文化の粋が集まっていることと、そしてそれが今に至るまで保存されていることに、改めて感銘をうけた。正倉院の宝物を見ると、世界の文物がたくさん日本に入り、大切に受け継がれてきたことがよくわかる。それは奈良の文化であると同時に、世界の文化に繋がっているのだ。

多くの印象深い文物のなかでも、特に心に残ったのは〈樹下鳳凰双羊文白綾〉だった。この繊細な織物の中央部には、木の下で一対の鳳凰が向かい合う姿が織り出されている。鳳凰の羽と木の葉はともに小さな菱形の文様の繰り返しによって表現されており、どちらが鳳凰で、どちらが木の葉なのか一見すると見間違えるような気さえした。こうした表現は、すべてのものが同じ尊い命を持ち同等であるということを視覚的に示しているように思われた。

シルクロードの様々な遺産を伝える正倉院の宝物を見渡すと、日本に限らず、当時の世界に共通していた動物や自然に対する感覚を感じることができる。そして『万葉集』を読んでいても、自然に対するそうしたまなざしの存在に気付かされる。たとえば本書でも取り上げた「いやひこ」の歌（二一二ページ参照）などには、動物への敬意や、そのすばらしさを認める姿勢が感じられる。

『万葉集』を読むこと、博物館で正倉院の宝物に触れること、そして奈良の地を旅ゆくこととは、三つばらばらに捉えられてしまいがちなことではないだろうか。しかし、この三者は同じ時代の、同じ社会から生まれてきた文化であり、地続きのものであろう。今回の『万葉集』の翻訳と奈良の旅とは、三者を一緒に考えるよい機会となった。

奈良は日本の古都であると同時にシルクロードの到達点であり、東アジアの端でありながら、世界文化の中心であった。今の日本にはどこか内向的なところがあるように思うが、『万葉集』は世界に開かれた文化のあり方を教えてくれるのではないだろうか。

読者の皆さんにもぜひ、奈良をたずねてみることをお勧めしたい。それは奈良を再発見することであり、日本文化の素晴らしさに新たな眼差しで触れることだ。

あをによし　奈良の都は　咲く花の　にほふがごとく　今盛りなり

『万葉集』の和歌の中で、歌人は当時の奈良を咲く花と比べ、その偉大さを称賛した。奈良から権力中枢が移動し、その後、孤立したことで、かえって当時のユニークな文化の多くが保存されることとなり、寺や神社を訪れるとそれを体感することができる。タイムカプセルで過去に連れ戻されたかのような錯覚に襲われるだろう。そして古の奈良の美しさを今でも感じることができる。

この本の締めくくりに、『万葉集』の掉尾を飾る大伴家持の一首をあらためて掲げよう。

新《あらた》しき　年の初めの　初春《はつはる》の　今日降る雪の　いや頻《し》け吉事《よごと》

On this New Year's Day
which falls on the first day of spring
like the snow that also falls today
may all good things pile up
and up without pause or end....

『万葉集』最終歌であるこの歌は『万葉集』の未来をも言祝《ことほ》ぐものであった。この歌を本書の最後に載せることによって、新しい令和という時代が日本にとっても、皆様にとっても幸多きものとなるよう言祝ぎたい。

謝辞

はじめに、文藝春秋を紹介していただき、かつ長年の友人となっていただいた電通の島田寛氏に感謝の言葉をお贈りしたいと思います。また、文春新書編集長の前島篤志氏と、彼を紹介してくださった永嶋俊一郎氏にも、心よりの感謝を申し上げます。そして、日本の古典における翻訳への継続的な助言とアドバイスをくださった山本登朗氏にもお礼を申し上げます。

歌の翻訳・解説の執筆にあたり、筑波大学人文社会系特任研究員の茂野智大氏に多くの助言をいただいたこと、深く感謝しております。また詩人であるクレア・ロバーツさんの助言に感謝いたします。いつもご協力をいただいている岡本光加里さん、そして私の大切なスタッフである三田早苗さん、下地ローレンス吉孝さんと久子さん夫妻、インターン生として関わってくれた藤田亜美さん、花原仙珠さんと鳥山大地くん、本当にありがとう。

そして、平山弥生さん。この万葉集の翻訳が完成したことで、御尊父平山郁夫画伯の願いであった世界平和にささやかながら貢献できれば幸いです。また、鎌倉高徳院の佐藤孝雄ご住職のご一家、東横インの西田憲正さん夫妻、黒田麻衣子社長のご支援に感謝いたします。最後に、長きに渡り親愛の心と共に私をご支援くださった、杏林大学理事長である松田博青氏とご一家の皆様に感謝したいと思います。

ピーター・J・マクミラン
Peter MacMillan
アイルランド生まれ。翻訳家、日本文学研究者、詩人。英文学博士。アイルランド国立大学を卒業後、同大学院で哲学の修士号、米国で英文学の博士号を取得。プリンストン、コロンビア、オックスフォードの各大学の客員研究員を経て、現在、東京大学非常勤講師。2008年に英訳『百人一首』で、日米の翻訳賞を受賞。16年に英訳『伊勢物語』、18年に新訳で『百人一首』がペンギン・ブックスより出版される。日本語の著書に『英語で読む百人一首』(文春文庫)がある。世界初の英語版百人一首かるた「WHACK A WAKA 百人イングリッシュ」も手がける。

文春新書

1245

英語《えいご》で味《あじ》わう万葉集《まんようしゅう》

2019年12月20日　第1刷発行
2024年11月15日　第2刷発行

著　者　ピーター・J・マクミラン
発行者　大松芳男
発行所　株式会社　文藝春秋

〒102-8008　東京都千代田区紀尾井町3-23
電話 (03) 3265-1211 (代表)

印刷所　理想社
付物印刷　大日本印刷
製本所　大口製本

定価はカバーに表示してあります。
万一、落丁・乱丁の場合は小社製作部宛お送り下さい。
送料小社負担でお取替え致します。

Printed in Japan
ISBN978-4-16-661245-1